江戸の女子旅

旅はみじかし歩けよ乙女

谷釜尋徳 著

晃洋書房

はじめに

「世界中で日本ほど、婦人が危険にも不作法な目にもあわず、まったく安全に旅行できる国はないと私は信じている。」（バード『日本の未踏の地』高梨健吉訳『日本奥地紀行』平凡社、二〇〇〇）

明治一一（一八七八）年に日本各地を旅した、イギリス人女性旅行家のイザベラ・バードの言葉です。バードが言う安全な旅行環境は、成熟した近世社会の産物でした。近世に泰平の世が実現すると、人びとが教養を身に付け、庶民層が経済成長を遂げ、貨幣経済が全国各地に浸透し、交通インフラが整備され、旅行業も発展していきます。さまざまな複合的な要因が作用し、社会的な諸条件が出揃ったことで、多くの日本人が安心して旅立てる時代がやってきました。

とくに近世後期には、伊勢神宮をはじめ諸国の神社仏閣をめぐる旅が大流行します。人びとは連日のように長距離を歩き、行く先々の寺社や名所旧跡を訪れ、名物を食べ、名産品を購入するなど、道中を遊び尽くす観光旅行の世界を創り上げていきました。

この魅力的な旅行文化は、男性陣が独り占めしていたわけではありません。バードが言う安全な旅行環境の整備は、女性が旅に出るための大切な条件を満たし、〃女子旅〃の流行を後押しすることになったからです。近世の街道模様を描いた多くの絵画には、楽しそうに歩く女性の旅人たちの姿が頻繁に登場します。

しかし、当時の旅は歩くことがメインの体力勝負の世界です。急坂の難所や橋のない大河を通行したり、関所の通過に難儀するなど、女性が憂い辛い目に遭うこともありました。こうした時代にあって、女性たちが苦労してまで味わいたかった旅の魅力とは、いったい何だったのでしょうか。

本書では、近世に流行した〃女子旅〃の考察を通して、活発な江戸の女性像を浮かび上がらせてみましょう。

江戸の女子旅

目次

第4章

女子旅の家計簿

第1章
旅立ちの前に

近世の女子旅の世界に出発する前に、ここでは安全で快適な女子旅を可能にした要因、女子旅のメンバー構成、そして必需品を押さえておきましょう。

１　女子旅を支えたもの

『東海道中膝栗毛』の中には、「往來の旅人、互に道を譲合、泰平をうたふ。……女同士の道連、ぬけ參の童まで、盗賊かどはかしの愁にあはず。」という記述があります。作者の十返舎一九は、泰平の世によって、女性同士や抜け参りの子どもでも危険な目に遭わずに旅ができると書きました。

同書が刊行された一九世紀初頭には、平和な世の中を背景に、女性の安全な旅行環境が整えられていたようです。以下では、女子旅を可能にした具体的な要因について、いくつかのトピックから考えてみましょう。

▽徒歩移動を支えた交通環境の整備

近世の旅は徒歩移動が基本でした。後の章で詳しく取り上げますが、旅する女性たちは一日平均で三〇km前後の距離を毎日のように歩いています。往復で合計三〇〇〇kmに迫る距離を歩いた女性もいました。女性の長距離歩行を支えていたのが、街道筋の交通環境です。

近世初頭、徳川幕府は五街道（東海道・中山道・日光街道・甲州道中・奥州道中）を中心に全国的な街道の整備に着手します。これは、参勤交代を含めた幕府による全国統治が目的でしたが、多くの人びとが居住地域を越えて旅ができる環境を整えることにもなりました。

図1－1は、一九世紀中頃までに整備された主要な街道筋です。このほかにも多くの脇道があり、女性たちは各地に張り巡らされた街道網を利用して徒歩旅行を楽しみました。

幕府は街道沿いの距離の目安として、一里（三・九km）ごとに樹木を植えました（一《いち》里塚《りづか》）。**図1－2**は東海道の関宿付近の一里塚です。遠くから見えるように土盛りで高さを出しています。一里塚は、旅人にそこに至るまでの距離や、次の目的地までの距離情報を提供しました。

図1-1 近世の街道網

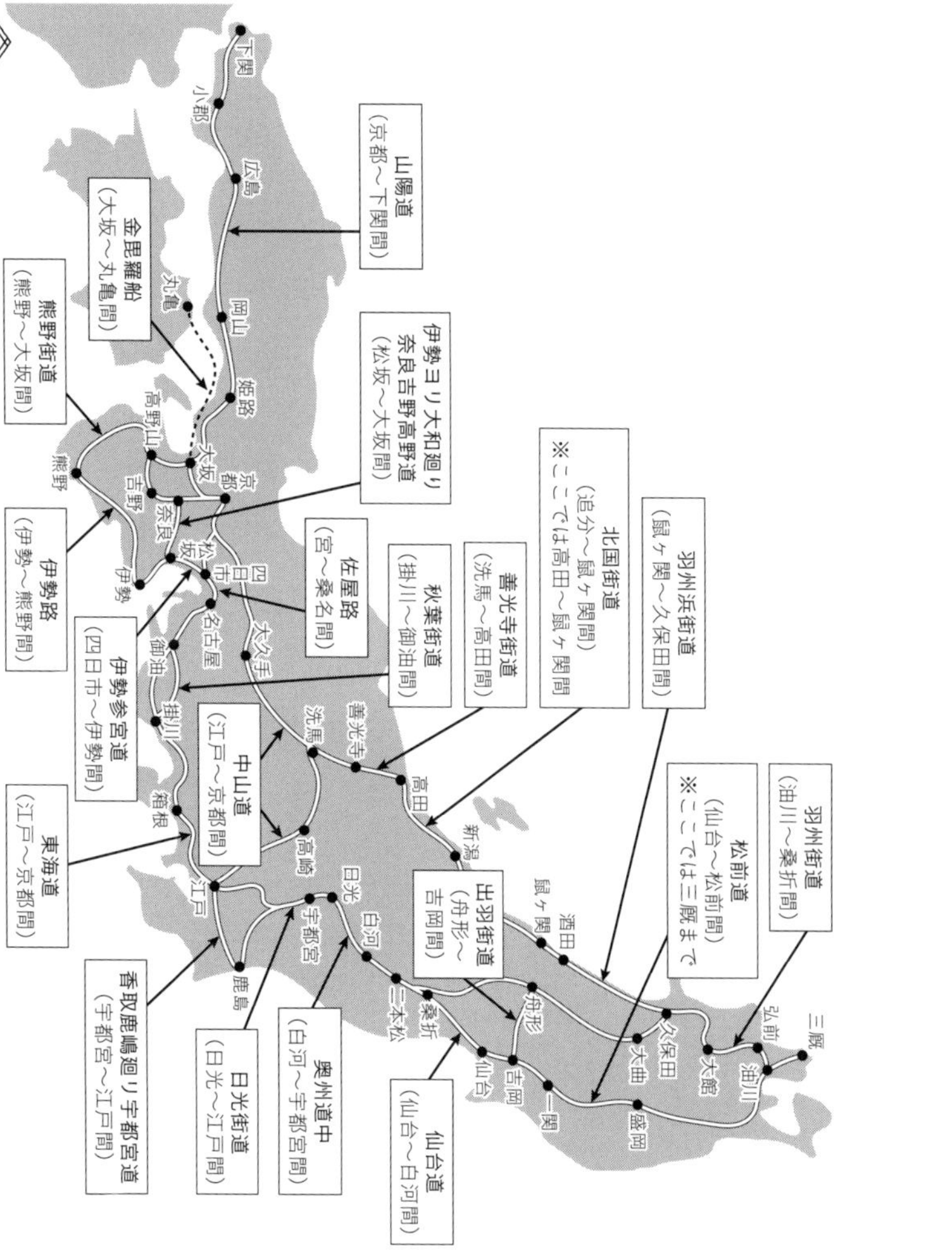
山陽道（京都～下関間）
金毘羅船（大坂～丸亀間）
熊野街道（熊野～大坂間）
伊勢ヨリ大和廻り奈良吉野高野道（松坂～大坂間）
北国街道（追分～鼠ヶ関間）※ここでは高田～鼠ヶ関間
羽州浜街道（鼠ヶ関～久保田間）
善光寺街道（洗馬～高田間）
秋葉街道（掛川～御油間）
佐屋路（宮～桑名間）
伊勢路（伊勢～熊野間）
伊勢参宮道（四日市～伊勢間）
中山道（江戸～京都間）
東海道（江戸～京都間）
出羽街道（舟形～吉岡間）
松前道（仙台～松前間）※ここでは三厩まで
羽州街道（油川～桑折間）
香取鹿嶋廻り宇都宮道（宇都宮～江戸間）
日光街道（日光～江戸間）
奥州道中（白河～宇都宮間）
仙台道（仙台～白河間）
下関
小郡
広島
丸亀
岡山
姫路
大坂
京都
高野山
熊野
吉野
奈良
松坂
伊勢
四日市
名古屋
大久手
御油
掛川
洗馬
善光寺
高田
箱根
高崎
新潟
江戸
日光
宇都宮
白河
鹿島
鼠ヶ関
酒田
二本松
桑折
舟形
仙台
吉岡
久保田
大曲
一関
大館
弘前
油川
三厩
盛岡

図 1-2 東海道の関宿付近の一里塚
出典：歌川広重『東海道四十七・五十三次之内 関』蔦屋吉蔵，1847〜52（長野県立歴史館蔵）

図 1-3 中山道の望月宿付近の松並木
出典：歌川広重『木曽海道六拾九次之内 望月』錦樹堂，1835〜37（国立国会図書館デジタルコレクション）

街道筋の分岐点には道標《どうひょう》という石塔が建てられました。方角や距離の情報が文字で刻まれた、現代で言う道路標識です。道標に刻まれた文字情報によって、旅人は方角に迷わずに歩くことができました。

街道沿いの多くの場所には並木が植えられました。**図1－3**は中山道の望月宿付近の松並木です。並木は、ある時は旅人に木陰を提供し、またある時は風雨や降雪から身を守ってくれる徒歩旅行者の強い味方でした。

幕府の交通政策を語るうえでは、宿場の配置も見逃せません。宿場とは、街道筋に設けられた、旅人が休憩、食事、宿泊などができる集落のことです。ただし、宿場は一里塚のように一定の間隔で配置されていたわけではありませんでした。

表1－1は、主要な街道筋の宿場の距離間隔をまとめたものです。宿場間の平均間隔で見ると、最も短いのは仙台～白河間を結ぶ仙台道（三・九km）で、最も長いのは江戸～宇都宮間を結ぶ香取鹿嶋廻り宇都宮道（一一・一km）でした。全体で見れば、平均して七～八kmに一ヵ所の宿場があったことになるでしょう。最長の間隔を見ると、なかには三〇km以上歩かないと次の宿場まで辿り着けないエリアもありました。

しかし、宿場と宿場の間には「立場《たてば》」や「間の宿《あいのしゅく》」と呼ばれた集落が形成されていて、旅人はそこで休憩や食事を取ることができました。本来、正規の宿場以外での宿泊営業は禁じられていましたが、宿泊施設を備えた立場も珍しくありませんでした。そのため、道中で日が暮れて次の宿場まで移動できなくても、近辺の立場まで辿り着ければ危険な夜道の歩行や野宿をかろうじて回避できたのです。とはいえ、女性が安全に旅するためには、あらかじめ宿場間の距離を頭に入れ、自分自身の歩行能力と照らし合わせて当日の移動計画を立てる用意周到さも必

表1-1 主要街道の宿場の配置

街道名	区間	宿場数	宿場の間隔（km）平均	宿場の間隔（km）最長
松前道	三厩～仙台	45	10.3	22.6
羽州街道	油川～桑折	61	8.6	21.4
出羽街道	舟形～吉岡	14	7.0	11.7
奥州道中	白河～宇都宮	11	8.4	12.3
北国街道	高田～鼠ヶ関	37	7.0	13.0
中山道	江戸～京都	71	7.6	21.6
熊野街道	那智山～宮原	37	6.8	15.6
伊勢ヨリ大和廻リ奈良吉野高野道	松坂～大坂	46	6.8	35.1
伊勢参宮道	四日市～伊勢	9	9.1	16.5
東海道	江戸～京都	55	9.2	27.5
秋葉街道	掛川～御油	16	8.0	13.6
仙台道	仙台～白河	44	3.9	8.6
日光街道	日光～江戸	22	6.9	11.2
山陽道	京都～赤間関	56	9.8	23.4
善光寺街道	洗馬～高田	24	6.4	11.8
佐屋路	宮～桑名	7	7.6	11.7
伊勢路	伊勢～那智山	32	4.7	13.6
羽州浜街道	鼠ヶ関～久保田	20	8.8	23.4
香取鹿嶋廻り宇都宮道	江戸～宇都宮	27	11.1	23.4

出典：八隅蘆庵『旅行用心集』須原屋茂兵衛伊八，1810（筆者所蔵）／山崎久作『改正増補大日本國順路明細記大成』甘泉堂和泉屋市兵衛，1850（筆者所蔵）などより作成
（※「宿場数」の欄には，街道の始点と終点も含んで記載しました）

要だったことでしょう。

　幕府の交通政策は、もともとは武士の移動を円滑にするためのものでしたが、結果として長距離徒歩旅行の環境を整え、女子旅を支える大きな要因にもなりました。

▽身軽な旅を可能にした貨幣経済の浸透

　女性の旅行環境を整えた社会的な背景の一つに、街道筋への貨幣経済の浸透があげられます。儒学者の荻生《おぎゅう》徂徠《そらい》は一八世紀初頭の『政談』の中で、「元禄ノ頃ヨリ田舎へモ銭行渡テ、銭ニテ物ヲ買コトニ成タリ。」と書いています。徂徠いわく、都市の貨幣経済は元禄期（一六八八〜一七〇四）頃から農村にも行き渡り、金銭を払って物を買えるようになったそうです。

　貨幣経済の浸透は、旅人の装いを軽くすることに繋がりました。旅人は煩わしい物々交換から解放され、道中の大半の出来事を金銭と引き換えに解決できるようになったからです。

　貨幣そのものにも、身軽な旅を可能にした要因があります。近世には、中世までの銭貨に加えて貨幣価値の高い金・銀貨が流通したため、旅人が持ち歩く貨幣の重さは中世と比べて相当軽くなりました。旅先で一度に支払う金額は銭の単位で十分でしたから、旅人は旅費を金・銀で持ち歩いて荷物の軽量化を図り、都市部や宿場の両替屋で銭に交換しながら旅を続けたのです。

近世は為替《かわせ》が発達し、在地から旅先への旅費の送金も可能でした。道中で為替を利用した女性の事例も少なくありません。旅費の全額を持ち歩く必要がなくなると、女性の旅人は貨幣の紛失や盗難によって一文無しになる危険性から遠ざかっていきました。

荷物の運搬業の存在も見逃せません。有名な寺社や観光地の周辺では、料金を支払えば、荷物を一時的に預けて出掛けたり、買い込んだ土産物を故郷に発送することや、訪問する予定の大都市の宿屋にあらかじめ大きな荷物を送っておくこともできたのです。

このように、貨幣経済の浸透は、長距離を歩きやすい身軽な女子旅を実現する大きな要因でした。女性の旅費の金額や使い道については、「女子旅の家計簿」の章（第4章）を参照してください。

▽旅のノウハウの普及

庶民層を中心に観光旅行が大流行した近世には、旅に出るための情報が盛り込まれた多くの旅行案内書が刊行され、人びとの間に旅のノウハウが普及していきました。

旅行案内書の中には、街道の位置関係や宿場間の距離情報を描き込んだ地図タイプの書物や、宿場間の距離、人馬を雇う賃金、神社仏閣、名所、名物、名産品などの文字情報が満載の刊行物、さらには道中で起こりうる数々のトラブルに対応する心得をまとめたガイドブックも出回っていました。その多くが、片手に収まるほどのハンディサイズで、旅先で持ち歩くことを意識して制作されたと考えられます。

諸国の名所旧跡や物産の情報をイ

図1-4 『道中女膝栗毛』の挿絵

出典：紀永人「道中女膝栗毛」中村正明編『膝栗毛文芸集成 第三十一巻』ゆまに書房，2016

ラスト入りで伝える名所図会というジャンルの地誌も人気を集めました。名所図会は道中で携帯するには少しサイズが大きめでしたが、旅先の事前リサーチを含め、旅の世界観を味わうには打って付けの書物です。

旅行案内書や名所図会のほかにも、文学作品から旅のノウハウを知ることができました。最も有名なのが十返舎一九の『東海道中膝栗毛』でしょう。弥次さん喜多さんが道中を舞台に繰り広げるコメディータッチの滑稽本は、多くの人びとを虜にし、続編も生まれました。

シリーズの大ヒットに当て込んで、弘化五（一八四八）年には女性版の『道中女膝栗毛』も出版されます。江戸から東海道に旅立った二人組の女性たちが、大家を欺いて旅費を工面したり、道中で言い寄ってくる男性を軽くあしらう姿も描かれ、活力に溢れる女子旅の模様がわかる作品です。本家の弥次喜多の道中とは違って、主人公の失敗談ではなく、周囲の男性が巻き起こす騒動を女性たちが冷静に傍観する形式で物語が展開していきます。当時の女子旅の空気感を反映した構成かもしれません。

こうした文学作品を読んで旅のノウハウを吸収し、自分が旅する時のイメージを深めた女性もいたことでしょう。

2　旅する女性たち

▽女子教育の普及

女性に限らず、近世に旅をするには、読み書きの素養を備えていることが大前提でした。文字が読めなければ、街道の分岐点に建てられた道標から方角を読み取ったり、書物を読んで旅の予備知識を仕入れることもできないからです。

本書では、女性が道中で書いた旅日記を活用しますが、近世に旅日記を執筆した女性は、幅広い時代と地域、そして多様な身分層の中に現れます。その理由は、近世には女子教育が広く普及し、多くの女性が基礎的な教養を身に付けていたからです。

武家社会の女子教育は、公的な教育機関よりも家庭内で私的に行われることが多かったようです。幕末の水戸藩で暮らした下級武士の娘の千世は、最初は近所の手習い塾に通っていましたが、そこが閉鎖されてからは、隣家の武家の老女から学問の手ほどきを受けるようになりました（山川菊栄『武家の女性』）。

庶民社会では、近世後期にかけて大都市や主要な街道の周辺を中心に、寺子屋に通う女子が増えていきます。女性の師匠が寺子屋を開業するケースもあり、そこには多くの女子たちが集いました（深谷昌志「日本女子教育史」）。明治初年の女子の就学率は、男子を一〇〇とした場合、高い地域では東京で八八・七％、京都で七四・四％に上り、大阪五三・四％、神奈川四八・一％などの五割程度の地方、熊本四・一％、秋田二・一％など女子教育が低調だった地方も見られます。また、同じ地域でも、町人が多い地区では女子の就学率が高い傾向にあり、地域や身分によって格差が生じていたようです（深谷昌志『学歴主義の系譜』）。

農村では、都市部に比べると読み書きの教育を受ける女子の割合は低かったものの、寺子屋などの手習い所で女子教育が行われていたそうです。基礎的な教養を学ぶ場は、農村の女子たちにも少なからず開かれていました。

このように、地域や身分による違いはありましたが、近世には女性が教育を受ける場が存在し、向学心が旺盛な女性が読み書きの能力を備えていることは珍しくありませんでした。

▽旅日記を綴る女性たち

旅する女性たちの中には、身に付けた教養をもって旅日記を書き綴った人物もいました。もちろん、日記を書かない女性の方が多数派だったと思われますが、私たちは、今に残された旅日記から近世の女子旅の世界を知ることができるのです。『東海道五十三対』には、旅日記を書き記す女性の旅人の姿が描かれています（**図1－5**）。

表1－2は、本書で参考にした主な女性の旅日記の情報です。そのすべてが女性によって書かれたものではありませんが、著者が男性でも、同行者に女性が含まれていれば、女子旅の模様を反映する旅日記として扱っています（その場合、〔　〕内に男性の著者名を記載）。不明な部分は空欄としました。

藩主の妻、芸人、豪商の妻、俳人、奥女中、酒造業の妻、代官の妻、地主経営者の妻、農民の妻、神主の妻、町人女性など、女性の立場は多様です。旅の年代は多くが一九世紀ですが、一七世紀、一八世紀にもいくつかの旅

図1-5　『東海道五十三対』に描かれた旅日記を書く女性

出典：歌川豊国『東海道五十三対 あら井』小嶋，1844～47（国立国会図書館デジタルコレクション）

人数			旅の目的	旅の期間	出典
女	男	計			
			致仕帰郷	9.7～11.10	『鹿児島県立短期大学地域研究所 研究年報』4号，鹿児島県立短期大学地域研究所，1976
1	2	3	致仕帰郷	6.11～29	『江戸時代女流文学全集 第一巻』日本図書センター，1979
			帰郷	2.27～3.5	『江戸時代女流文学全集 第三巻』日本図書センター，1979
1	2	3	松島行脚	3.30～9.2	『湖白庵諸九尼全集 増訂版』和泉書院，1986
			致仕帰郷	8.8～10.21	『江戸時代女流文学全集 第三巻』日本図書センター，1979
1	3	4	奥州観光	5.28～6.21	『伊能忠敬研究』83号，伊能忠敬研究会，2017
			身延山詣	6.2～閏6.3	『江戸期おんな考』15号，桂文庫，2004
1	2	3	西国旅行	2.21～5.18	『近世女人の旅日記集』葦書房，2001
1	2	3	夫の任地へ	4.5～19	『江戸時代女流文学全集 第三巻』日本図書センター，1979
1	2	3	伊勢詣	3.5～4.9	『江東区資料 牧野家文書二』江東区教育委員会生涯生活課，1995
			伊勢詣	3.6～7.28	『交通史研究』55号，交通史研究会，2004
1	2	3	諸国周遊	3.23～7.11	『きよのさんと歩く江戸六百里』バジリコ，2006
4	6	10	伊勢詣	3.13～6.4	『江戸期おんな考』3号，桂文庫，1992
			秩父・善光寺詣		『松戸市史 史料編（一）』松戸市役所，1971
			鹿島神宮・息栖神社・香取神宮詣		『松戸市史 史料編（一）』松戸市役所，1971
1	24	25	伊勢詣	1.2～3.13	『相模原市立図書館古文書室紀要』11号，相模原市立図書館，1988
7	1	8	諸国周遊	2.9～3.8	『白沢村史　資料編』白沢村，1991
1	1	2	伊勢詣	3.26～6.30	『北上市史 第十二巻 近世10』北上市史刊行会，1986
1	2	3	伊勢詣	3.19～9.10	『西遊草』岩波書店，1993
1	1	2	伊勢詣	7.6～9.28	『石川町史 下巻』石川町教育委員会，1968
2	2	4	伊勢詣	8.22～12.24	『本荘市史 史料編Ⅳ』本荘市，1988
16	37	53	転居	4.6～6.2	『幕末大名夫人の知的好奇心ー日向国延岡藩内藤充真院ー』岩田書院，2016

表1-2 本書で参考にした主な女性の旅日記

旅日記の表題 （旅した年代）	旅した女性名（年齢） 〔男性著者名〕	在地 （現在の地名）	立場
あつまのゆめ （1669）	島津興正院	江戸 （東京都）	藩主妻
帰家日記 （1689）	井上通（30）	江戸 （東京都）	藩士娘
庚子道の記 （1720）	鈴木武（20代）	名古屋 （愛知県名古屋市）	芸人
秋風の記 （1771）	有井諸九（57）	京の岡崎 （京都府京都市）	俳人
奥の荒海 （1777）	小磯逸（20代）	松前藩 （北海道松前郡）	奥女中
奥州紀行 （1787）	伊能ミチ（38） 〔伊能忠敬〕	香取郡佐原村 （千葉県香取市）	酒造業妻
身延紀行 （1789）	佐竹本清院（56）	江戸 （東京都）	藩主妻
春埜道久佐 （1792）	山梨志賀子（55）	駿河国庵原村 （静岡県清水市）	酒造業妻
旅の命毛 （1806）	土屋斐子（48）	江戸 （東京都）	代官妻
道中記 （1809）	牧野き代（52） 〔牧野勘四郎英長〕	葛飾郡亀戸村 （東京都江東区）	地主経営者妻
道中記万覚記 （1811）	加藤みゑ（50前後）	吉田宿付近 （静岡県豊橋市）	廻船業者妻
道中日記 （1817）	三井清野（31）	羽州鶴岡 （山形県鶴岡市）	商人妻
伊勢詣の日記 （1825）	中村いと（30～40代）	江戸神田 （東京都千代田区）	商人妻
秩父道中覚 （1842）	大熊津義（45）	松戸 （千葉県松戸市）	名主母
三社参詣銚子并東坂東道中記 （1848）	大熊津義（51）	松戸 （千葉県松戸市）	名主母
道中日記帳 （1852）	鈴木しの（50） 〔鈴木理平〕	高座郡淵野辺村 （神奈川県相模原市）	農民妻
岩城水戸江戸日光道中記 （1852）	国分ふさ（47）	安達郡白岩村 （福島県本宮市）	神主妻
道中記 （1853）	米屋お七 〔米屋和吉〕	和賀郡黒沢尻新町 （岩手県北上市）	農民妻
西遊草 （1855）	斉藤亀代（40） 〔清河八郎〕	清川村 （山形県庄内町）	藩士母
道中日記 （1860）	坂路初（58） 〔坂路河内頭〕	東奥石川郡宇田谷庄坂路村 （福島県石川町）	農民妻
参宮道中諸用記 （1862）	今野於以登	由利郡本庄 （秋田県由利本荘市）	町人女性
五十三次ねむりの合の手 （1863）	内藤充真院（64）	江戸 （東京都）	藩主妻

日記が見られ、すでに近世初頭から女性が活発に旅をしていたことがうかがえます。

一覧を見ると、旅した女性の年齢は、二〇代や三〇代もいるものの、四〇代半ば以降の女性が多数派です。これは、近世の女子旅の一般的な傾向と一致します。当時、旅に出やすかった女性像とは、主婦の座を次の世代へ譲り渡し、ようやく自分の時間を持てるようになった四〇～五〇代の女性だったそうです（柴桂子『近世おんな旅日記』）。多くの女性にとって、旅をすることは、第二の人生の象徴だったのかもしれません。

3 女子旅のメンバー構成

近世の街道は安全性が確保されていましたが、女性が長期間の徒歩旅行を実施するには何かと不安も付き物でした。こうした時代にあって、女性たちはどのようなメンバー構成で旅をしたのでしょうか。

▽一般的な傾向

表1－2から同行者数の男女比を見ると、女性が一人で、男性が一～三人という組み合わせが圧倒的に多いようです。また、女性と男性がそれぞれ数名ずつミックスされるパターンもありました。一方、判明する限りでは女性だけの旅は皆無で、必ず男性を同行させています。

近世には、女性の一人旅は少なく、女性だけで旅をすることも稀でした。女性のグループで旅をすることは多く見られましたが、その場合でも安全のために男性の同行者や案内人を一～二人加えることが一般的だったそうです（深井甚三『近世女性旅と街道交通』）。**表1－2**で取り上げた旅日記も、この傾向を反映しています。

絵画を見ても、女性だけで旅をしている場面は珍しく、女性の旅

図1-6　『伊勢参宮名所図会』に描かれた女性の旅姿①

出典：蔀関月編『伊勢参宮名所図会 巻之二』塩屋忠兵衛，1797（国立国会図書館デジタルコレクション）

人の側には必ずといってよいほど男性の姿があります。図1－6は女性一人に男性二人が同行しているパターンです。図1－7は女性が二人に男性が二人という構成ですが、最後尾の男性は荷物持ちとして雇われているように見えます。

以下、いくつかの旅日記から実際の女子旅のメンバー構成を確認してみましょう。

▽男性の団体に混じって旅した鈴木しの

高座郡淵野辺村（現在の神奈川県相模原市）の鈴木しのは、弘化五（一八五二）年に男性たちに混じって伊勢参宮を行いました。この旅のリーダーは鈴

図1-7 『伊勢参宮名所図会』に描かれた女性の旅姿②
出典：蔀関月編『伊勢参宮名所図会 巻之一』塩屋忠兵衛, 1797（国立国会図書館デジタルコレクション）

木理平です。しのは理平の母で、名主の鈴木多平の妻でした（長田かな子『相模野に生きた女たち』）。理平は旅の模様を『道中日記帳』という旅日記に書き残しています。農閑期の一月二日から三月一三日にかけて、名古屋、伊勢、奈良、大坂、京都、善光寺、妙義山、榛名山などをめぐる観光旅行でした。

理平は、旅日記の冒頭に旅の同行者名簿を掲載しています。**表1－3**によると、この旅は総勢二五名の大規模な団体旅行だったことがわかります。年齢構成は、唯一の五〇代が最年長の鈴木しので（五〇歳）、以下、四〇代が二人、三〇代が一〇人、二〇代が七人でした（年齢不詳が五人）。若者たちに数名の中年層が付き添うメンバー構成です。

総勢二五名のうち、女性はしのだけでした。この旅の一行は、名主家の理平を筆頭に、伊勢神宮への参拝を主な目的とする伊勢講の団体だと考えられます。通常、伊勢講の正式な加入者は男性に限られていたので、淵野辺村の代表者二四人の男性陣に加えて、しのは言わば〝オブザーバー〟として参加したようです。名主の妻で、リーダーの理平の母という特権で同行を許されたのでしょうか。男性メインの旅に女性が随行したパターンです。

表 1-3 鈴木しのの旅の同行者

名前	年齢	性別	備考
鈴木 理平	(不詳)	男	日記の著者。名主の息子。
鈴木 しの	50	女	名主の妻で，理平の母。この旅で唯一の女性。
河本 弥五郎	31	男	
白井 彦蔵	24	男	
鈴木 徳右衛門	46	男	
鈴木 定吉	28	男	
鈴木 一平	38	男	
細谷 米吉	30	男	
細谷 幾右衛門	34	男	
細谷 幸次郎	26	男	
細谷 惣次郎	29	男	
白井 小左衛門	32	男	
河本 源左衛門	(不詳)	男	
白井 兵左衛門	36	男	
成瀬 竹松	34	男	
河本 弥五左衛門	35	男	
河本 八蔵	29	男	
河本 勇蔵	29	男	
河本 文次郎	30	男	
高橋 彦蔵	26	男	
河井 久右衛門	(不詳)	男	
榎本 弥市郎	(不詳)	男	
小川 弥兵衛	46	男	
小川 三千太郎	34	男	
小川 彦兵衛	(不詳)	男	

出典：鈴木理平「道中日記帳」『相模原市立図書館古文書室紀要』11号，相模原市立図書館，1988，pp. 49-57より作成

▽女性の団体で旅した国分ふさ

安達郡白岩村（現在の福島県本宮市）の国分ふさは、嘉永二（一八四九）年二月九日から三月八日までの一ヵ月間、関東各地をめぐる旅に出ました。ふさは、神主の国分紀伊守の妻で、四八歳の女性です。ふさ以外の年齢は不詳で、名前が不詳な女性もいます。しかし、「○○の妻」などと主人の男性の名前はすべて明らかにされていて、当時の女性の位置づけが見え隠れします。

表1－4は、ふさが書いた旅日記『岩城水戸江戸日光道中記』の記述内容から、同行者をまとめたものです。七人の女性に一人の男性が付き添っています。女性がメインの団体にお伴の男性が加わった、合計八人の旅でした。

女性の団体の中に唯一の男性として寅蔵が加わったのは、道中の安全確保と荷物持ちが必要だったか

表1-4　国分ふさの旅の同行者

名前	性別	立場	備考
ふさ	女	国分紀伊守の妻	日記の著者。48歳。
ゑい	女	治五右衛門の妻	
（不詳）	女	弥右衛門の妻	
（不詳）	女	佐右衛門の妻	
寅蔵	男		お伴。この旅で唯一の男性。
すみ	女	利右衛門の妻	
ふみ	女	藤作の妻	
りん	女	伊作の妻	

出典：国分ふさ「岩城水戸江戸日光道中記」『白沢村史 資料編 原始・古代 中世 近世 近代』白沢村，1991，pp. 532-537より作成

らでしょう。安政二（一八五五）年に母を連れて伊勢参宮の旅をした清河八郎は、道中で善光寺詣の女性の団体と遭遇しています。越後片貝（現在の新潟県小千谷市）からやって来たこの団体は、女性が一三人に案内の男性が一人というメンバー構成でした（『西遊草』）。女性のグループに少数の男性が同行するパターンは、珍しくなかったようです。

▽大行列で旅した内藤充真院

次に、特殊な事例として、大行列を作って旅したパターンを見ておきましょう。

文久二（一八六二）年閏八月、幕府は参勤交代制度を緩和します。大名の江戸参勤は三年に一度で滞在期間は一〇〇日間、その妻子の帰国も自由となりました。これを受けて、日向延岡藩主の妻、内藤充真院は、文久三（一八六三）年に江戸から延岡に下り、その旅の模様を『五十三次ねむりの合の手』に書き残しています。四月六日に江戸屋敷を出発して東海道経由で大坂に至り、そこから海路で瀬戸内海を渡って島野浦港を経て六月二日に延岡へ着きました。

江戸から延岡藩に転居する藩主の妻の旅ですから、大行列が組まれました。**表1－5**は、充真院の旅の同行者について、名前、性別、役職・役割を記載したものです。

表1-5 内藤充真院の旅の同行者

名前	性別	役職／役割など
内藤 充真院	女	延岡藩主妻
光姫	女	充真院の姪
砂野	女	老女
長尾	女	中老
歌	女	御側
せい	女	御側
まき	女	御次御側格
とき	女	御次
もと	女	御次御雇
秀	女	
初つ	女	
幾田	女	
むつ	女	
花	女	
雪	女	
みき	女	
松井 茂兵衛 一元	男	大殿様御側／充真院と光姫の御用掛兼中奥御用掛
斎藤 儀兵衛 智高	男	充真院様重役副役格
大泉 市右衛門 明影	男	御里付重役
石井 貞之允 治良	男	充真院様御納戸役頭取役格
茂野 仲之介 賢抄	男	御姫様御納戸役
鈴木 栄 久勝	男	道中・船中御納戸役
喜多 尚格 秀堯	男	御側医
池田 長民	男	御側医見習
松崎 又輔	男	御賄役
佐久間 泰三郎 恭明	男	充真院様御用達・御姫様御用達兼帯
若杉 与兵衛 吉房	男	充真院様御用達・御姫様御用達兼帯
中村 貞中 貞	男	充真院様御用達・御姫様御用達兼帯
山辺 次右衛門 卿善	男	充真院様御用達・御姫様御用達兼帯
鈴木 安之助	男	道中・船中御用達
石井 録太郎	男	道中・船中御用達
三森 直一郎 貞幹	男	御用達兼帯／道中駕籠脇
小泉 宗四郎	男	御側役／御道中・御船中御用達役
柳田 作吉	男	御側役／御道中・御船中御用達役
大里 精兵衛	男	道中下勤
松崎 嘉蔵	男	賄手伝
湯浅 伊兵衛	男	充真院様御錠番頭
野崎 弥三郎	男	御錠口番
渡 清次郎	男	御錠口番
今井 平四郎	男	御錠口番
湯浅 鉄蔵	男	御錠口番
玉川 宗吉	男	御錠口番
甲斐 友蔵	男	船割添人
新蔵	男	小使
武兵衛	男	小使
嘉助	男	小使
熊蔵	男	小使
作助	男	小使
安五郎	男	小使
九蔵	男	小使
栄助	男	小使
佐藤 太七郎 嘉猷	男	大坂屋敷から延岡まで御供
松崎 左五郎 都則	男	大坂屋敷から延岡まで御供

出典：神崎直美『幕末大名夫人の知的好奇心――日向国延岡藩 内藤充真院――』岩田書院，2016，pp. 131-132より作成

充真院の姪の光姫も同行しています。同行者は、氏名が確認できるだけでも男性が三七人、女性が一四人に及びました。これに充真院と光姫を加えると、旅のメンバーは総勢五三人です。大名家の女性が公的な旅をする場合には、大規模なメンバーが動員されたことがわかります。

表1－2の旅人の中には、藩主の妻子が数名含まれていますが、充真院ほどではないにしても、彼女らの旅にもそれなりの人員が貼り付けられたことでしょう。

4　女子旅の必需品

女性たちは、旅に出る時に何を持ち歩いたのでしょうか。ここでは、女子旅の必需品を探ってみましょう。

▽『旅行用心集』にみる必需品

文化七（一八一〇）年刊行の『旅行用心集』には、「道中所持すべき品の事」という項目に旅先の必需品が挙げられています。**表1－6**は、その品々に解説を添えたものです。筆記用具、身なりを整えるための鏡、櫛、整髪料、灯りを確保するための道具、宿屋で使える便利グッズ、手紙や現金を送受するための証書など、当時の旅人が持ち歩いた物がイメージできます。

また、同書には道中の必需品を描いたイラストが掲載されています（**図1－8**）。床に置いてある「革袋《かわぶくろ》」は、駕籠に乗る際に身の回りの物を丸ごと入れて持ち運ぶのに便利だと解説されています。その手前の「胴《どう》乱《らん》」は、荷物と一緒に自分も馬に乗る時に重宝する入れ物で、紐でしっ

表1-6　『旅行用心集』に記された旅の必需品

品物	解説
矢立	墨壷と筆を入れる筒がセットになった筆記用具。
扇子	仰いで涼をとるためや，ファッションとしても持ち歩いた。
糸針	修繕用の糸と針。
懐中鏡	身だしなみをチェックするための鏡。
日記手帳	旅の記録を取るノート。
櫛	髪をセットするための櫛。
鬢付油	関所や城下などを通る場合に髪をセットするための整髪料。
提灯	折り畳み式の提灯。
ろうそく	暗いところでは必需品。
火打道具	火を起こすための道具。
懐中付け木	宿屋の行灯は消えやすいので，煙草を吸わない人も備えておくと便利。
麻綱	宿屋で荷物をまとめる際にも使える便利なロープ。
印版	旅先から手紙を送ったり，為替を利用して現金を引き出す時に使う印鑑の写し。
かぎ	先の曲がった金属製の道具で，綱に物を引っかける時など，持っておくと何かと便利。

出典：八隅蘆庵『旅行用心集』須原屋茂兵衛伊八，1810（筆者所蔵）より作成

かり結んで運ぶそうです。

上に吊るされている道具は、右から、腰に下げる小物入れ、脚半、手拭ないし風呂敷だと思われますが、一番左の物が何なのかは不明です。道具が吊るされた紐状の物体が**表1－6**の「麻綱」、物を引っ掛けるS字形の道具が「かぎ」なのでしょう。

図1-8 『旅行用心集』に描かれた旅の持ち物

出典：八隅蘆庵『旅行用心集』須原屋茂兵衛伊八，1810（筆者所蔵）

『旅行用心集』は著者の八隅蘆庵の体験をもとにしたガイドブックなので、男性用の記述が目立ちますが、紹介された内容を見る限り、旅の必需品は男女共通で使えるグッズが多かったようです。

▽往来手形

女性の旅人が長距離の旅に出るには、原則として二種類の手形（往来手形・関所手形）

が必要でした。往来手形は旅人の身分証明書で、名主、庄屋、檀那寺など身許保証人が発行した書状です。

図1-9は、文政一三（一八三〇）年三月、江州（近江国）甲賀郡の水口宿（現在の滋賀県甲賀市）付近に住むかやという女性の旅立ちにあたって、檀那寺の蓮華寺が発行した往来手形です。

本文には、このかやという女性は代々高田一向宗の寺の檀家に間違いないこと、今般、日光山と善光寺への参詣を志願して旅に出るので関所を通してほしいこと、もし旅行中に死亡した場合はその土地の作法で葬ってほしいことが記されています。

手形の書面はほぼ定型文ですが、交通

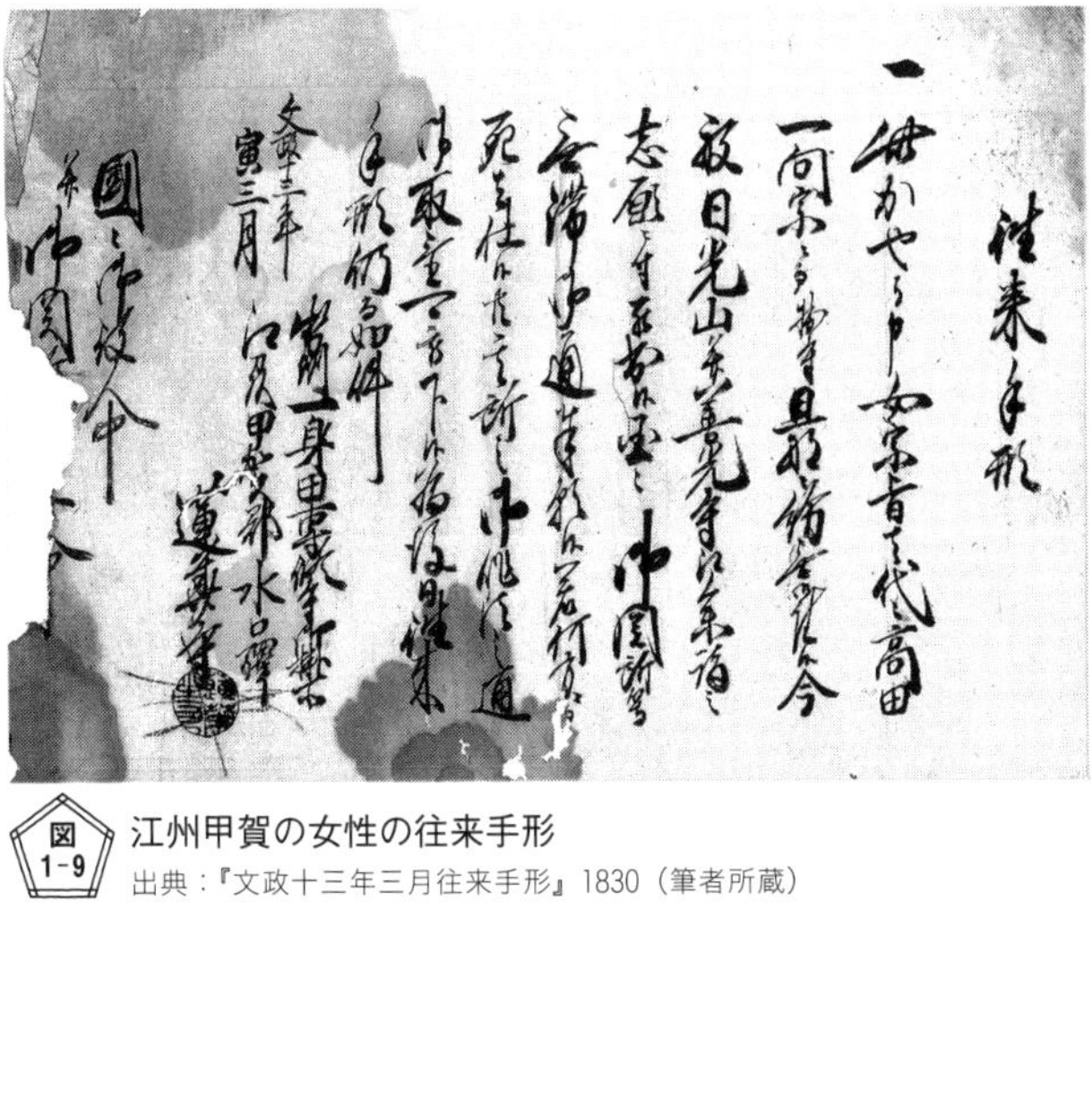

図1-9　江州甲賀の女性の往来手形
出典：『文政十三年三月往来手形』1830（筆者所蔵）

インフラの整備が進み、道中の安全が確保されていた一九世紀半ばにも、旅は少なからず死の危険を伴う行動だと認識されていたのです。

▽関所手形

関所手形は旅人の居住地の領主が発行するもので、旅行先や目的とともに関所の通行を願い出る形式の書状です。諸大名の謀反《むほん》を警戒した幕府は、関東を中心に五〇ヵ所以上の関所を設置して、武器類の江戸への持ち込みと、江戸に人質として住まわせた大名の妻女が関所の外側へ出ることを厳しく監視しました。そのため、実質的なターゲットだった女性にとって、関所手形は旅を続けるうえでの必需品です。

図1－10は、宝暦六（一七五六）年六月一八日付で水野織部正が発行した、今切（新居）関所の役人に宛てた関所手形です。女性が二人、うち一人は「小女《こおんな》」が、三河国宝飯郡大村（現在の愛知県豊橋市）から江戸をはじめ諸国を旅することになったが、怪しい者ではないので今切関所の通行を許可してほしいと願い出た文章が綴られています。「小女」とは、年の頃一五～一六歳くらいまでの女性を指す言葉です（金森敦子『江戸庶民の旅』）。

この関所手形は簡略化されたタイプですが、本来、関所手形には、乗物の有無とその数のほか、禅尼、尼、比丘尼、髪切、小女、乱心女、手負、囚人、首、死骸の区別を記載する必要がありました（新居町史編さん委員会編『新居町史 別巻 関所資料』）。関所では、手形に記された情報をもとに、女性に対して本人確認の取り調べが行われます。

しかし、前述した区別では実質的な本人確認は難しく、宝暦（一七五一〜六四）前後からは、身体的な特徴も手形に記すようになります。その記載事項とは、顔、襟、喉、乳より上、手足の疵跡、ホクロ、釣りハゲ、さらには頭髪や頭皮の特徴に至るまで、相当な厳密さが加わりました（『新居町史 別巻 関所資料』）。こうして、関所では女性に対して身体の細部にまで及ぶ厳しい身体検査が行われるようになります。そのため、係員に裏金を渡して、取り調べを手加減してもらう女性も少なくなかったようです。

関所手形は女性の旅に必携

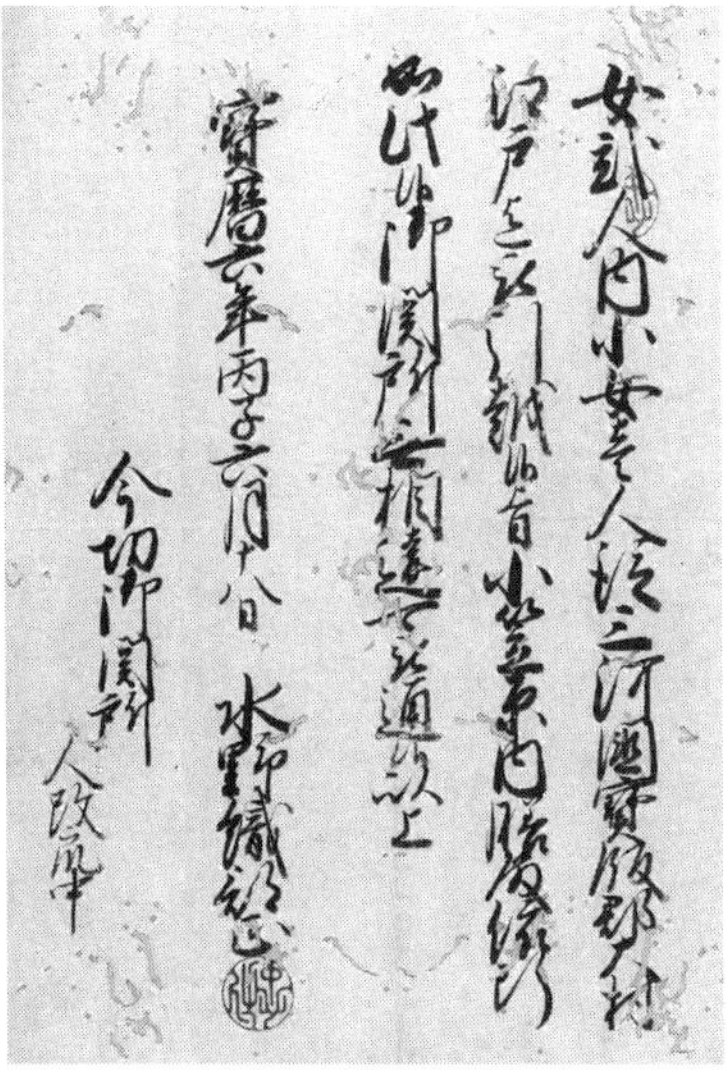

図1-10 三河国宝飯郡大村の関所女手形
出典：『宝暦六年関所女手形』1756（国立国会図書館デジタルコレクション）

の持ち物でしたが、無手形の女性たちも、関所を避けて迂回ルートを通行したり、案内賃を支払って関所破りを決行するなど、巧みな旅の処世術を身に付けていました。近世の街道には、したたかさと大胆さを兼ね備えた女性の旅人たちが溢れかえっていたようです。

《本章の参考文献》

新居町史編さん委員会編『新居町史 別巻 関所資料』新居町、一九八七
歌川豊国『東海道五十三対 あら井』小嶋、一八四四〜四七
歌川広重『木曽海道六拾九次之内 望月』錦樹堂、一八三五〜三七
歌川広重『東海道四十七・五十三次之内 関』蔦屋吉蔵、一八四七〜五二
荻生徂徠「政談」『荻生徂徠』岩波書店、一九七三
金森敦子『江戸庶民の旅――旅のかたち・関所と女――』平凡社、二〇〇二
神崎直美『幕末大名夫人の知的好奇心――日向国延岡藩 内藤充真院――』岩田書院、二〇一六
紀永人「道中女膝栗毛」中村正明編『膝栗毛文芸集成 第三一巻』ゆまに書房、二〇一六
清河八郎「西遊草 巻の二」小山松勝一郎校注『西遊草』岩波書店、一九九三
国分ふさ「岩城水戸江戸日光道中記」『白沢村史 資料編 原始・古代 中世 近世 近代』白沢村、一九九一
蔀関月編『伊勢参宮名所図会 巻之二』塩屋忠兵衛、一七九七

蔀関月編『伊勢参宮名所図会 巻之一』塩屋忠兵衛、一七九七
柴桂子『近世おんな旅日記』吉川弘文館、一九九七
十返舎一九「東海道中膝栗毛 三編上」麻生磯次校注『東海道中膝栗毛（上）』岩波書店、一九七三
鈴木理平「道中日記帳」『相模原市立図書館古文書室紀要』一一号、相模原市立図書館、一九八八
長田かな子『相模野に生きた女たち――古文書にみる江戸時代の農村――』有隣堂、二〇〇一
深井甚三『近世女性旅と街道交通』桂書房、一九九五
深谷昌志『学歴主義の系譜』黎明書房、一九六九
深谷昌志「日本女子教育史」世界教育史研究会編『世界教育史体系 三四 女子教育史』講談社、一九七七
八隅蘆庵『旅行用心集』須原屋茂兵衛伊八、一八一〇
山川菊栄『武家の女性』岩波書店、一九八三
山崎久作『改正増補大日本國順路明細記大成』甘泉堂和泉屋市兵衛、一八五〇
『文政十三年三月往来手形』一八三〇
『宝暦六年関所女手形』一七五六

第2章

女性たちはどのように歩いたのか

現代の日本は、電車、バス、飛行機、自家用車、バイク、自転車など、さまざまな交通手段が発達し、便利に利用できる社会です。しかし、このようなスピードマシンがなかった近世には、旅人は基本的に自らの二本の脚を頼りに移動しました。

街道には馬や駕籠もありましたが、経費がかかりますし、乗り心地もよくなかったようです。『旅行用心集』には、女性が乗り物に酔わないための注意事項として「女子、馬、かごに乗時ハ、水をちを細帯にてしつかとしめて乗るへし。」と記されています。こうした乗り物事情からも、女性の旅人の移動手段は「歩く」ことがメインだったと考えてよいでしょう。

本章では、近世の女性の旅人たちがどのように街道を歩いたのかを、ルート、距離、旅装、心得という視点から検証してみましょう。

1　どんなルートで旅をしたのか

近世の女性たちは、どのようなエリアを、どのような順序で歩いて旅したのでしょょうか。図2－1～3は、タイプの異なる三つの女子旅を取り上げ、ルートを地図上に復元したものです。ルート上の「●」印は、主な宿泊地や訪問地を示しています。

▽文久二年　今野於以登のルート

由利郡本庄（現在の秋田県由利本荘市）の裕福な町人女性、今野於以登《おいと》は、文久二（一八六二）年八月二二日から一二月二四日にかけて一五一日間の大旅行をしました。かねてから伊勢参宮を望んでいた於以登は、友人の船問屋の妻と一緒に旅立つことになります。この仲良し二人組をメインとして、荷物持ちの男性二名を連れ立って伊勢を目指しました。於以登の年齢や家業は不明ですが、経済力のある中年女性だったと見られています（金森敦子『関所抜け 江戸の女たちの冒険』）。農民なら稲刈りで忙しくなる時期に、家を空けて観光旅行に出られたことは、彼女らのような有閑マダムの特権でした。

於以登が書いた『参宮道中諸用記』によると、在地を出発した一行は、日本海沿岸を新潟方面に下って、途中善光寺に参詣してから北陸道経由で京都に向かいました。京都観光の後は、山陽道で岡山まで移動し、船で瀬戸内海を渡って四国の丸亀で金毘《こんぴ》羅詣《らもう》でをします。続いて、再び山陽道を逆行して大坂、高野山、奈良など近畿の名立たる観光地を周遊し、伊勢参宮を果たしました。その後は、伊勢参宮道経由で名古屋に立ち寄り、東海道に合流して太平洋沿岸を東に歩き続け、鎌倉・江の島にも訪れます。江戸で濃密な観光の時間を過ごした後は、奥州街道を北上し、日光への参詣を済ませてから東北の地を歩き、自宅に帰着しました。本州の大半のエリアをカバーしたスケールの大きな旅です。

図2-1を見ると、於以登の歩いたルートは周回の軌道を辿っています。往復路で同じエリアを通ることはほとんどなく、道中を存分に満喫しました。

於以登が歩いたルートは、東北を出発地とする伊勢参宮としては典型的なものでしたが、男性がメインの

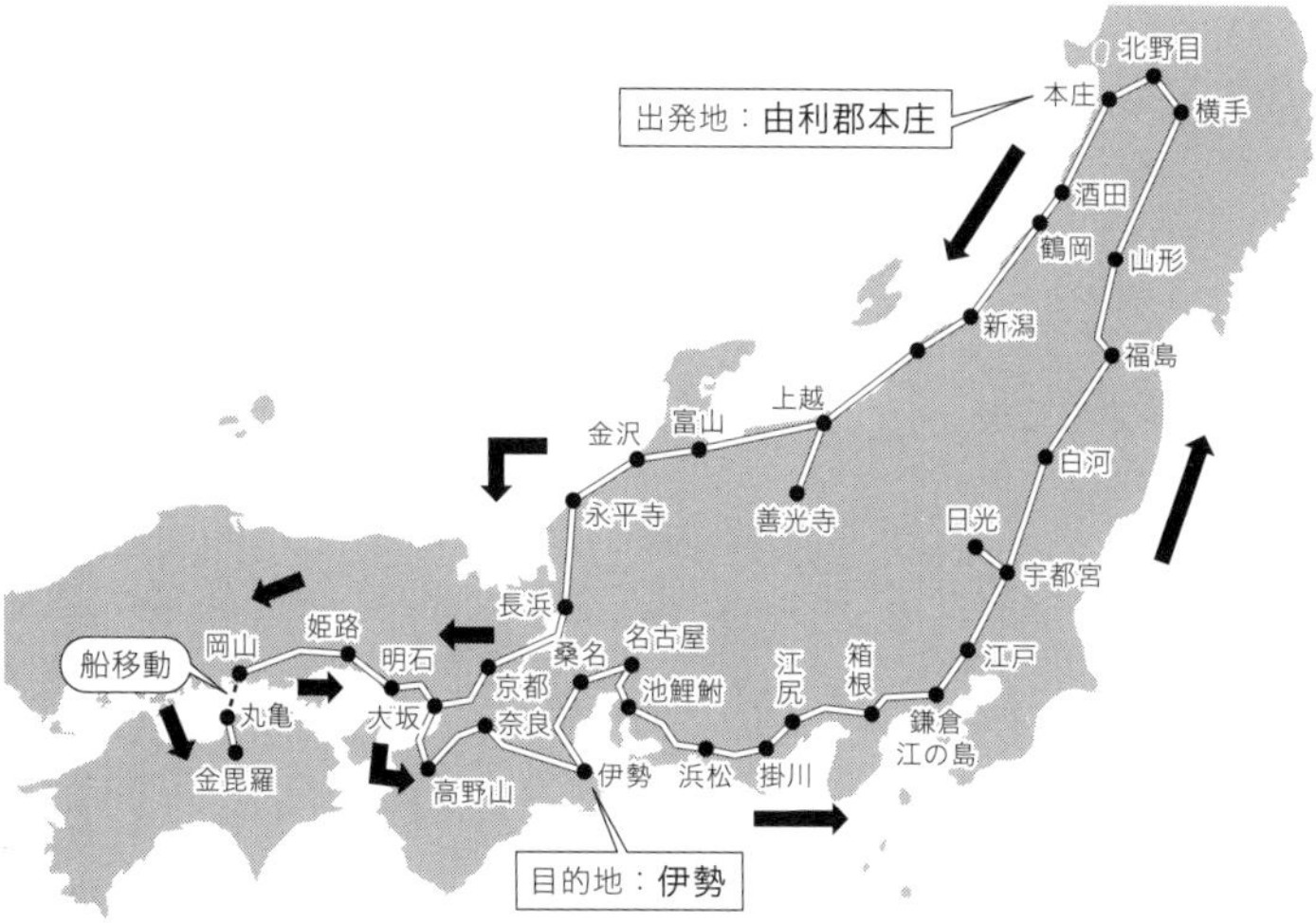

図2-1　文久2年　今野於以登のルート
出典：今野於以登「参宮道中諸用記」『本荘市史 史料編Ⅳ』本荘市，1988より作成

旅では於以登と類似したルートを逆回りして、東北出発後は奥州街道経由で日光、江戸を目指し、東海道を西に歩いて伊勢参宮を果たすケースが目立ちます。

於以登が男性の定番ルートと反対の軌道を選んだのは、関所の配置が理由だった可能性があります。江戸幕府にとって最重要だった箱根関所（現在の神奈川県足柄下郡箱根町）は、江戸から出て行く女性を厳格に取り締まりましたが、逆に江戸に入る側の取り締まりは緩かったため、女性も通過しやすい状況でした。於以登も、箱根関所の取り調べを警戒して、江戸を後回しにするルートであらかじめ不安を取り除こうとしたのかもしれません。

女子旅ならではのルート選択への配慮が見え隠れします。

▽文政八年　中村いとのルート

続いて取り上げるのは、文政八（一八二五）年の三月一三日から六月四日にかけて行われた、江戸神田（現在の東京都千代田区）の商家の妻、中村いとの旅です。

中村いとは、男たちに同行するかたちで、かねてから憧れていた伊勢参りの機会を得ました。女性四名、男性六名の総勢一〇名の旅です。親戚一家から誘われて伊勢講の旅に便乗していますので、男たちが中心の伊勢参りだったと見ることができます。

中村いとが書いた『伊勢詣の日記』は、関東発の女性の伊勢参宮を詳しく知ることができる貴重な史料です。記述内容から、いとの足取りを追ってみましょう。

江戸を発った一行は、東海道を西に向かって歩き、名古屋を経由して伊勢参宮道で伊勢に到着します。伊勢で神宮参拝と観光を済ませた後は、奈良、吉野、和歌山を経て、大坂から船で四国へ渡り金毘羅参詣を果たしました。さらには、安芸《あき》の宮島、岩国の錦帯橋《きんたいきょう》まで足を伸ばし、その後は大坂と京都で存分に遊んでから、帰路は中山道に出て善光寺に立ち寄り、再び中山道を歩いて江戸に帰着しています。今野於以登と同じように、中村いとの旅も円を描くような周回ルートでした。

いとの訪問地の傾向は於以登と類似していますが、いとは岩国や宮島にも訪れ、より西側まで足を伸ばしました。かといって、東北の女性が本州の西端を目指さなかったわけではありません。天保元（一八三〇）年に庄内田川郡清川村（現在の山形県庄内町）から伊勢参宮に出た斎藤亀代は、いとと同じく宮島や岩国まで到達しているからです（『西遊草』）。

一方、東側のルートに注目すると、いとは東北地方まで観光することはなく、江戸に帰っています。これは、関東地方からの西国旅行の全般に見られる傾向です。ただし、主な訪問地が西国方面でなければ、関東在住の女性が東北に観光旅行をすることはありました。伊能忠敬の妻のミチは、佐原（現在の千葉県香取市）を出発して松島、塩釜、仙台など東北の名所を尋ね歩く夫婦旅行を楽しんでいます（『奥州紀行』）。

ところで、『伊勢詣の日記』の最後には、「伊勢まうで よし野たつたに須磨あかし 安芸もさぬきも見てきそ路かな」という歌が詠まれています。中村いとにとって、念願の伊勢参宮は、聞きしに勝る大満足の観光旅行だったのでしょう。

▽嘉永二年　国分ふさのルート

安達郡白岩村（現在の福島県本宮市）の神主の妻、国分ふさは、嘉永二（一八四九）年二月九日から三月八日までの一ヵ月間、関東方面に旅をしました。同行者は女性が七名、荷物持ちの男

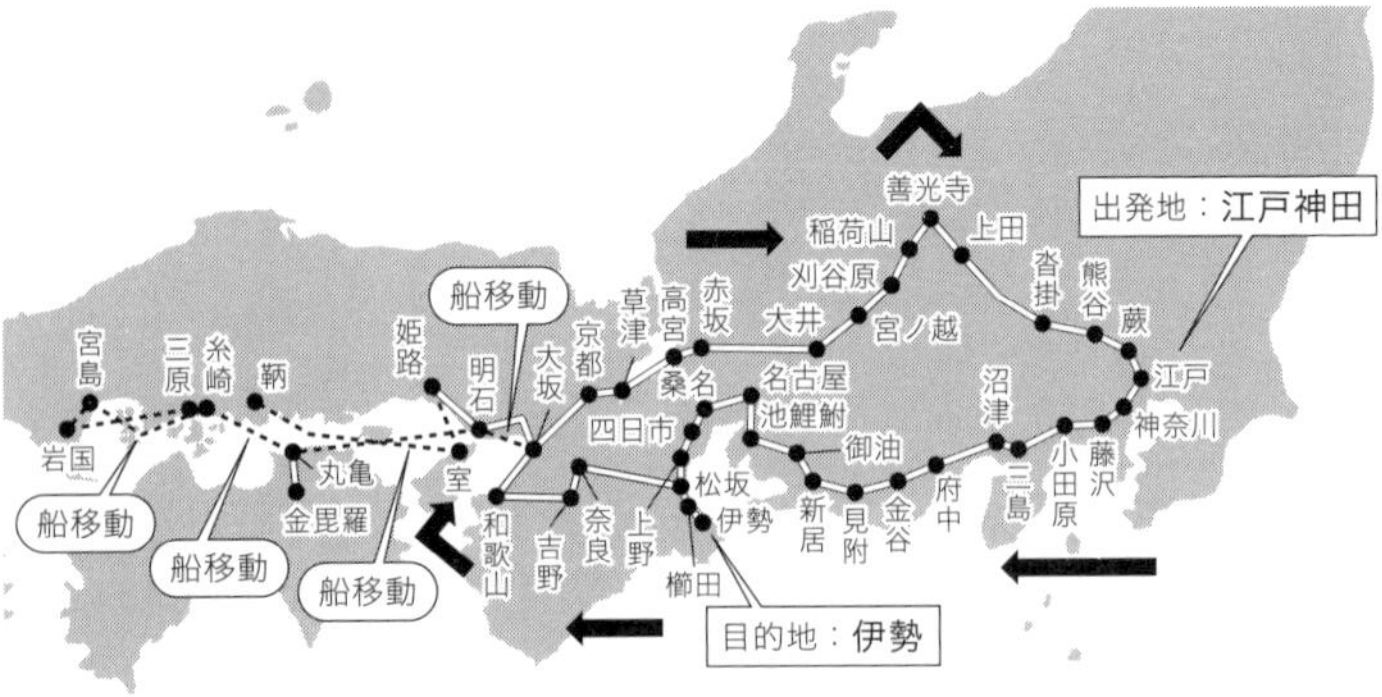

図2-2　文政8年　中村いとのルート
出典：中村いと「伊勢詣の日記」『江戸期おんな考』3号，桂文庫，1992より作成

性が一名で、女性がメインの八名の団体旅行です。ふさが道中の様子を書いた『岩城水戸江戸日光道中記』から旅の行程を辿ってみましょう。

白岩村を出発後は、太平洋沿いに街道を下り、鹿島神宮、香取神宮、成田山新勝寺に参詣してから江戸に入ります。江戸市中で遊んだ後は、東海道を歩いて川崎大師、鎌倉・江の島まで足を伸ばし、藤沢を経由して東海道で江戸に戻ります。その後、ふさたちは再びの江戸観光を楽しみ、帰路には筑波山や日光にも立ち寄ってから白岩村へ帰着しました。

国分ふさの旅は、今野於以登や中村いとのように全国を股にかけた壮大な旅行ではありません。江戸を中心に周辺の観光スポットをめぐるコンパクトな徒歩旅行でしたが、地図上でルートを辿ると、小規模ながらも周回の軌道を形成しています。

天保一四（一八四三）年には、淵野辺村（現在の神奈川県相模原市）から五名の女性たちが一ヵ月間の秩父巡礼に旅立っていますが、巡礼を済ませた後は善光寺や日光まで足を伸ばし周回ルートを歩いて帰郷しました（長田かな子『相模野に生きた女たち』）。比較的コンパクトな旅でしたが、計画されたルートの傾向は、ふさと似ています。

国分ふさの過ごした一ヵ月間は、日頃の家事労働から解放された七名の女性たちが、見知らぬ土地を歩き回って、ご利益に定評のある神社仏閣や風光明媚な名所を訪れ、大都市の江戸で存分に羽を伸ばす魅力的な女子旅でした。移動手段が徒歩であることを除けば、今日のバスツアーでもよく見られる光景ではないでしょうか。

▽なぜ、周回ルートを歩いたのか

ここで取り上げた三つの女子旅は、タイプこそ異なりますが、どの女性たちも周回ルートを組んで円形の軌道を描くように各地を歩いています。

これは男性も含め、近世の観光旅行の全般に当てはまる傾向です。当時、伊勢神宮をはじめ信仰を集めた寺社への参詣を大義名分に、その目的地間の道中も丸ごと楽しむスタイルの旅が全

図2-3　嘉永２年　国分ふさのルート
出典：国分ふさ「岩城水戸江戸日光道中記」『白沢村史 資料編 原始・古代 中世 近世 近代』白沢村，1991より作成

国的に流行しました。随筆作家の喜多村筠庭は、天保元（一八三〇）年刊行の『嬉遊笑覧』の中で、当時の旅を「神仏に参るは傍らにて、遊楽をむねとす。」と表現しました。近世の旅人にとって、寺社への信仰は領主や主人から旅立ちの許可を得るための口実に過ぎず、旅の真の目的は道中の異文化に触れて楽しむことだったようです。

こうした実態を反映するように、近世の旅人は目的地の寺社に対する往復路で異なるルートを組み、目的地よりも遠くへ足を伸ばしてから帰ることを好みました。女性たちが周回ルートを計画して歩いたという事実は、せっかく得た旅の機会に、より多くの異文化に触れて楽しもうとするメンタリティが、彼女らの間にも根付いていたことを物語ります。

2　どのくらいの距離を歩いたのか

表2－1は、女性たちが旅の道中で歩いた距離の傾向を知るために、旅日記を分析した結果を一覧にまとめたものです。

備考	計測の基礎情報				歩行距離（km）				歩行距離別の割合（日）						
	総日数	計測日数	逗留	距離不明	総距離	平均	最長	最短	一桁台	10km台	20km台	30km台	40km台	50km台	60km台
	13	13	0	0	492.5	37.8	46.4	27.4	0	0	1	7	5	0	0
	12	12	0	0	483.6	40.3	46.4	26.0	0	0	1	4	7	0	0
	9	9	0	0	350.6	38.9	56.0	7.8	1	0	1	1	4	2	0
歩行距離が計測可能な部分のみを抽出（宮～江戸）	18	17	1	0	399.9	24.9	42.9	5.8	3	3	6	3	2	0	0
	19	17	2	0	489.4	28.7	39.8	11.7	0	3	5	9	0	0	0
	23	20	3	0	647.7	32.4	51.2	17.5	0	4	4	7	4	1	0
	26	15	11	0	396.8	26.4	47.1	13.6	0	6	4	2	3	0	0
	14	12	1	1	352.5	29.3	58.0	3.9	1	2	4	4	0	1	0
	14	12	0	2	422.9	35.2	46.4	11.7	0	1	1	7	3	0	0
旅の足どりが追える部分のみを抽出（亀井戸村～伊勢）	18	15	1	2	463.4	30.8	45.1	15.6	0	3	2	7	3	0	0
	108	54	42	12	1584.5	29.3	56.5	7.8	3	10	14	18	8	1	0
	80	36	16	28	1113.1	30.9	62.0	5.8	1	4	12	14	4	0	1
しのは，伊勢参宮後に帰郷しているので，足どりが追える部分のみを抽出（淵野辺村～伊勢）	13	11	0	2	439.8	39.9	58.3	26.4	0	0	3	3	3	2	0
	30	23	6	1	644.5	28.0	42.0	13.6	0	6	4	12	1	0	0
	94	60	16	18	1803.6	30.0	53.5	7.8	1	14	12	27	4	2	0
	169	73	21	75	2127.3	29.1	55.9	6.0	6	13	21	20	10	3	0
	65	57	4	4	1633.5	28.7	59.7	7.8	2	12	15	21	4	3	0
	151	116	31	4	2942.6	25.4	53.5	7.1	2	31	56	22	2	3	0

表2-1　歩行距離の一覧

旅日記の表題（旅した年代）	旅した女性名（年齢）〔男性著者名〕	在地（現在の地名）	立場	人数 女	男	計	旅の目的	旅の期間
あつまのゆめ（1669）	島津興正院	江戸（東京都）	藩主妻				致仕帰郷	9.7〜11.10
帰家日記（1689）	井上通（30）	江戸（東京都）	藩士娘	1	2	3	致仕帰郷	6.11〜29
庚子道の記（1720）	鈴木武（20代）	名古屋（愛知県名古屋市）	芸人				帰郷	2.27〜3.5
秋風の記（1771）	有井諸九（57）	京の岡崎（京都府京都市）	俳人	1	2	3	松島行脚	3.30〜9.2
奥の荒海（1777）	小磯逸（20代）	松前藩（北海道松前郡）	奥女中				致仕帰郷	8.8〜10.21
奥州紀行（1787）	伊能ミチ（38）〔伊能忠敬〕	香取郡佐原村（千葉県香取市）	酒造業妻	1	3	4	奥州観光	5.28〜6.21
身延紀行（1789）	佐竹本清院	江戸（東京都）	藩主妻				身延山詣	6.2〜閏6.3
春埜道久佐（1792）	山梨志賀子（55）	駿河国庵原村（静岡県清水市）	酒造業妻	1	2	3	西国旅行	2.21〜5.18
旅の命毛（1806）	土屋斐子（48）	江戸（東京都）	代官妻	1	2	3	夫の任地へ	4.5〜19
道中記（1809）	牧野き代（52）〔牧野勘四郎英長〕	葛飾郡亀戸村（東京都江東区）	地主経営者妻	1	2	3	伊勢詣	3.5〜4.9
道中日記（1817）	三井清野（31）	羽州鶴岡（山形県鶴岡市）	商人妻	1	2	3	諸国周遊	3.23〜7.11
伊勢詣の日記（1825）	中村いと（30〜40代）	江戸神田（東京都千代田区）	商人妻	4	6	10	伊勢詣	3.13〜6.4
道中日記帳（1852）	鈴木しの（50）〔鈴木理平〕	高座郡淵野辺村（神奈川県相模原市）	農民妻	1	24	25	伊勢詣	1.2〜3.13
岩城水戸江戸日光道中記（1852）	国分ふさ（47）	安達郡白岩村（福島県本宮市）	神主妻	7	1	8	諸国周遊	2.9〜3.8
道中記（1853）	米屋お七〔米屋和吉〕	和賀郡黒沢尻新町（岩手県北上市）	農民妻	1	1	2	伊勢詣	3.26〜6.30
西遊草（1855）	斉藤亀代（40）〔清河八郎〕	清川村（山形県庄内町）	藩士母	1	2	3	伊勢詣	3.19〜9.10
道中日記（1860）	坂路初（58）〔坂路河内頭〕	東奥石川郡宇田谷庄坂路村（福島県石川町）	農民妻	1	1	2	伊勢詣	7.6〜9.28
参宮道中諸用記（1862）	今野於以登	由利郡本庄（秋田県由利本荘市）	町人女性	2	2	4	伊勢詣	8.22〜12.24

ここでは、女性の旅を記録した史料の中でも、記述内容から宿泊地や行程が明確で、歩行距離を計算できる一八編の旅日記を取り上げました。旅の年代（一六六九〜一八六二年）は幅広く、女性の立場も藩主の妻、芸人、豪商の妻、俳人、奥女中、酒造業の妻、代官の妻、地主経営者の妻、農民の妻、神主の妻、町人女性など実に多様で、旅の目的もさまざまです。

旅日記の著者が男性でも、同行者に女性が含まれていれば、それは女子旅の模様を反映する史料として扱いました。その場合は、「旅日記の著者名」の〔　〕内に男性の著者名を記載しています。その他、不明な部分は空欄としました。

以下、**表2－1**をもとに女子旅の歩行距離の傾向を探ってみましょう。

▽往復の総歩行距離

表2－1の総歩行距離には、旅日記から読み取れる範囲の歩行距離の合計値を示しました。行先に応じて、総歩行距離は長短さまざまですが、東北地方からの伊勢参宮は今野於以登のように広範囲をカバーする旅になるため、その分、歩く距離も長くなります。

女性たちの総歩行距離は、短いものでも三〇〇㎞台、スケールが大きくなると三〇〇〇kmに迫るものまで確認でき、多様な旅の姿が浮かび上がってきます。先にルートを地図化した旅日記を例に見ると、今野於以登の旅が二九四二・六km、中村いとの旅が一一一三・一km、国分ふさの旅が六四四・五kmです。

一八編のうち、最も総歩行距離が短いのは芸人女性の鈴木武で、九日間で三五〇・六kmを歩いています。現代人の感覚では、短期間に三〇〇km以上歩くことは至難の業ですが、当時の女性たちにしてみれば、この程度の歩行距離を積み重ねることは造作もない営みだったのでしょうか。

計算上、総歩行距離が最長を記録したのは今野於以登です（二九四二・六km）。しかし、行動範囲や旅行日数から判断すると、一番長い距離を歩いたのは斎藤亀代だと考えられます（『西遊草』）。亀代の旅は歩行距離が把握できない日数が多いため、計算上の総歩行距離は二一二七・三kmですが、実際のところ亀代は三〇〇〇kmをゆうに超える距離を歩いたものと推定できます。

このように、表に掲載された総歩行距離の数値は必ずしも実情を反映していませんが、近世の旅する女性たちが驚異的な健脚の持ち主だったことを知るには十分なデータです。

▽一日に歩いた距離

続いて、女性の旅人が一日に歩んだ距離の傾向を見ていきましょう。

表2―1を見ると、女性の一日あたりの歩行距離は、少ない時でも一〇km程度、多い時には五〇km以上に及んでいたことがわかります。一日平均の歩行距離は、短くても二〇km台の中盤、長い場合には三〇km台後半から四〇km台に到達する旅も見られました。

一八編の旅日記は条件にばらつきがあるものの、すべての旅日記から計算すると、ここで取り上げた女性の旅人たちは一日平均で三一・四kmの距離を歩いていました。近世後期に東北地方から伊勢参宮をした庶民男性の旅日記から導き出された歩行距離は、一日平均で三四・九kmでしたので（谷釜尋徳『歩く江戸の旅人たち』）、本章で取り上げた女性たちは総じて男性に迫るほどの距離を毎日歩いていたことになります。

次に、一八編の旅日記の全体から、女性が一日に歩いた距離の割合を一〇kmごとに算出していくと、一桁台が三・五％、一〇km台が一九・六％、二〇km台が二九・〇％、三〇km台が三二・九％、四〇km台が一一・七％、五〇km以上が三・一％、六〇km台が〇・二％となります（**図2―4**参照）。女性たちの一日あたりの歩行距離は、一桁台あるいは五〇kmを超える場合もありましたが、概ね一〇〜四〇km台の範囲、特に二〇〜

三〇km台に集中していました。

旅のスケールの大小に関わらず、女性たちが一日に歩く距離には共通する傾向があったようです。近世の女性の旅人たちは、紛れもなく健脚でした。言い換えれば、このくらいの距離を長期間に及んで歩き続ける能力を持っているかどうかが、女性が旅に出るための現実的な条件の一つでした。**表2-1**を見ると、五〇代後半の女性たちが若者に負けじと長距離を歩いたことがわかりますが、彼女らは高齢になっても健康体を維持して女子旅の参加資格を得た、選りすぐりの旅行者だったと言えるでしょう。

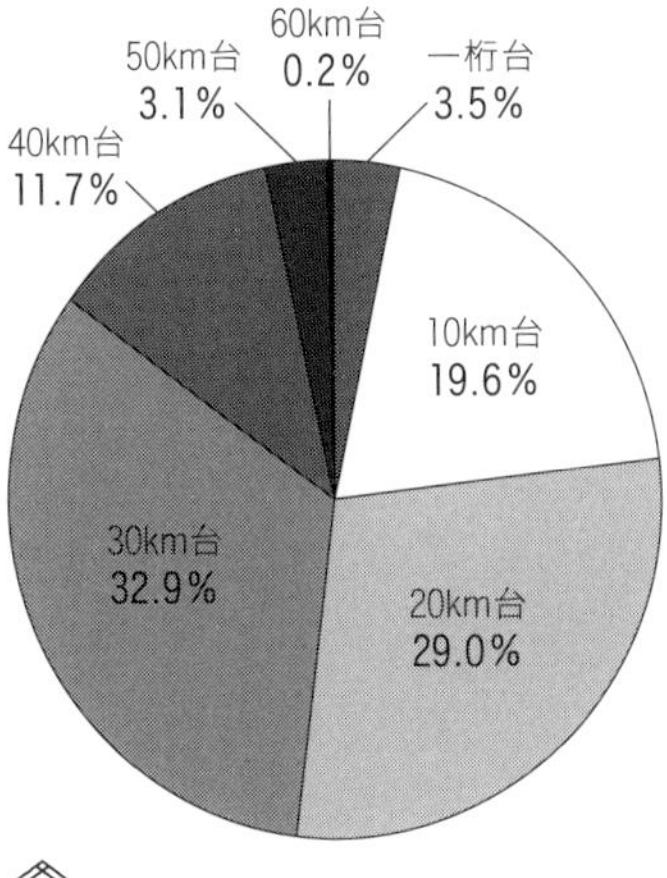

図2-4　女性の旅人が1日に歩いた距離の割合
※表2-1で取り上げた旅日記の値から算出

▽一日に歩く距離の限界

女性の旅人が一日に歩いた距離の最大値は、四〇km台半ばから五〇km台後半が多いようです。しかし、近世の女性にとって、一日に概ね五〇kmを超える歩行は難儀を極める行為でした。**図2-4**のグラフを見ても、五〇km以上を歩く割合が少ないことは一目瞭然です。

清河八郎は『西遊草』の中で、「此日道行十四里、辺鄙の所ゆへ、馬、駕籠も不仕用にて、母も大いにはたらき来れり。ゆへにつかるる事はなはだし。」と書きました（平松〜奈良間を移動）。この日の歩行距離は一四里（五四・五km）で、辺鄙な土地で馬や駕籠も利用できず、母の亀代は疲労困憊でした。『西遊草』から読み取れる平均歩行距離は二九・一kmなので、かなりのオーバーワークだったことでしょう。この日、亀代がそうまでして長距離を歩いた理由は、京都の賀茂神社の祭礼に間に合わせるためでした。由緒ある神社の祭礼が、長距離を歩くモチベーションになっていたことは興味深い事実です。

このように、女性が一日に歩く距離の限界は概ね五〇km台だと理解することができます。**表2-1**の中で、五〇km以上の歩行を経験した女性は少なくありませんが、その回数は最大でも三回までに止まります。一八編の旅日記の中で唯一、中村いとが六〇km以上を歩いていますが（六二・〇km）、それも一回きりでした（『伊勢詣の日記』）。女性は無理をすれば一日に五〇km以上を歩けましたが、旅の期間中に何度も達成できる行為ではなかったと言えそうです。

男性の旅人の場合は、一日の歩行距離が五〇km台に到達することは珍しくはなく、七〇km台を歩いたケースもありますので、ここに歩行能力の男女差が浮かび上がってきます。

3　どんな旅装で歩いたのか

人間の運動は、服装と大きく関わっています。とくに、毎日のように三〇km平均の距離を歩いて移動した女性たちの歩行運動は、服装から大きな影響を受けていたはずです。

旅する女性の服装が描かれた浮世絵をいくつかピックアップしてみましょう。**図２－５～８**は、いずれも歌川広重が作画に関わった浮世絵ですが、広重は写実的に女性の旅装を描き出しました。絵画を見る限り、女性の旅装は菅笠《すげがさ》、道中着、脚絆《きゃはん》、足袋《たび》、草鞋《わらじ》、杖に特徴があったようです。

菅笠の効能について、女性旅行家のイザベラ・バードが実体験を記録しています。

明治一一（一八七八）年に来日し、旅行中に日除け対策として菅笠をかぶったバードは、このかぶり物が実に軽く、内側に頭部を固定する枠があってフィット性と通気性に優れていることを述べ、イギリスの日除け帽よりも遥かにハイスペックだと絶賛しました。

女性たちは、着丈の長い上着を羽織っています。これは塵除けのための道中着で、コートのような衣類でした。描かれた女性たちの道中着は、綺麗な柄があつらえられていますが、シンプルな無地のタイプも人気があったそうです。旅する女性たちは、道中着の裾をたくし上げて通常よりも短い仕様で着こなしましたが、ほぼくるぶしまで覆われています。

図2-5 女性の旅姿①

出典：歌川広重『東海道五拾三次之内 戸塚・元町別道』鶴屋喜右衛門・竹内孫八，1835（国立国会図書館デジタルコレクション）

図2-6 女性の旅姿②

出典：歌川広重『東海道五拾三次之内 鳴海』保永堂，1835（国立国会図書館デジタルコレクション）

道中着の下からは脚絆がのぞいています。脚絆は、旅行者や労働者が向こうずねを保護するために履いた必需品で、京都・大坂で製造された大津脚絆と江戸脚絆の二種類が出回っていました（金沢康隆『江戸服飾史』）。

草鞋と足袋は、現代で言うシューズと靴下のようなものです。草鞋は足回りが藁紐で結わかれ、歩きやすいように足と台座が固定された履物でした。かの松尾芭蕉も、旅行中の切実な願いとして「草鞋のわが足によろしきを求ん」と書き綴り、草鞋には強いこだわりを持っていました（『笈の小文』）。草鞋は素足で着用すると藁紐で擦り切れて足を痛める危険性があり、足を保護する意味でも女性は草

図2-7　女性の旅姿③

出典：歌川広重『東海道五十三次細見図会 神奈川』村鉄，1845～48頃（国立国会図書館デジタルコレクション）

図2-8　女性の旅姿④

出典：歌川広重・歌川豊国『双筆五十三次 見附』丸久，1854（国立国会図書館デジタルコレクション）

鞋と足袋をセットで履くケースが多く見られます。

多くの女性は杖を手にしています。杖は歩行の補助具として女子旅の必須のアイテムでしたが、杖は護身用の武器にも早変わりしました。長い棒状の物体は、街道で危機に直面した時に目の前で振り回せば、人や動物と距離を取ることもできたからです。

荷物の持ち運びは、絵画によって描かれ方が異なります。風呂敷包みを背負って歩く女性もいますが、大きな荷物は従者の男性に預けて身軽な状態で歩く傾向にありました。

『東海道名所図会』の挿絵（図2-

図2-9 『東海道名所図会』に描かれた男女の旅装の違い
出典：秋里籬島編『東海道名所図会 巻之二』小林新兵衛，1797（国立国会図書館デジタルコレクション）

9）を通して男女の旅装を見比べると、男性は着物をまくり上げて尻端折りにし、歩きやすいように脚部の可動域を広げる工夫をしています。一方、着丈の長い女性の道中着では、男性のように自由に脚を動かすことは難しく、歩幅も広がりません。もしかすると、女性の一日の歩行距離が男性よりも短かったのは、体力的な男女差だけではなく、旅装から受ける歩行運動の制限を反映しているのかもしれません。

女性は男性のように実用一辺倒な旅装に仕立てるのではなく、滅多にない旅の機会にお洒落にも気を配って、見栄えの良い着こなしを意識していたようです。だからこそ、女性は極力荷物を持たずに、杖を手にすることによって少しでも歩行の負担を軽減したのではないでしょうか。

4　歩行の心得とは

▽坂道を歩く時の心得

図2－10は『江戸名所図会』の一枚で、東海道の権田坂（現在の神奈川県横浜市）を描

図 2-10 『江戸名所図会』に描かれた権田坂の旅人の往来
（下は拡大図）

出典：斎藤月岑編『江戸名所図会 巻之二』須原屋茂兵衛，1834（国立国会図書館デジタルコレクション）

いたものです。国道一号線を走る箱根駅伝のコースでもお馴染みの権太坂ですが、旧東海道とは少しだけ位置関係が異なります。権太坂は東海道を江戸から西に向かう旅人が最初に遭遇する難所で、傾斜のきつい上り坂でした。

この絵では、傾斜のある坂道を行き交う旅人たちの姿が描かれ、街道筋を歩く人びとの様子がイメージできる面白い構図です。よく見ると、中腹あたりから女性の旅人の集団（女性四人に供の男性一人）が登ってきます。子どもに話しかけられているようですが、草鞋でも売りつけられているのかもしれません。

ところで、この絵画を見て、何か違和感を覚えないでしょうか。権田坂を往来する人びとは、それぞれ坂道の最短距離を行かずに道路脇に向かって斜めに歩いているのです。男性のグループ、一人旅の男性、駕籠かき、旅人を乗せた馬、荷物持ちの人足、そして女性の旅人たちも同様です。

この歩き方は描き間違いではなく、近世の旅の常識でした。天保七（一八三六）年刊行の旅行案内書『増補海陸行程細見記』にも、山坂の急斜面では、杖を使ってジグザグの軌道でゆっくり歩くことが、足の痛みを予防する最適な方法だと解説されています。

『江戸名所図会』には、旅人の歩行事情が正確に描き込まれていたのです。

▽すれ違う時の心得

権田坂のように、道路の幅が広ければ旅人は自由に往来できますが、近世の街道には道幅が狭い地域もありました。山間部では、道幅が二mほどしかない区間も見られます（『東海道宿村大概帳』）。そのような狭い路上に複数の旅の団体が集まれば、「渋滞」の発生は確実です。

こうした街道事情を背景として、近世の街道では狭い道幅に対応するために、往来の旅人同士がすれ違う時の心得が存在しました。この交通マナーを客観的な視点から見抜いたのが、日本国内を旅した訪日外国人たちです。

元禄三（一六九〇）年に東海道を旅したドイツ人医師のケンペルは、「日本国内の仕来りに従っていうと、上りの、すなわち都（Miaco）に向って旅する者は道の左側を、下りの、つまり都から離れて向う者は、右側を歩かねばならないのであって、こうした習慣は定着して規則となるに至った。」と記録しました。それから約八〇年後の東海道を旅したスウェーデンの植物学者ツュンベリーも、「きちんとした秩序や旅人の便宜のために、上りの旅をする者は左側を、下りの旅をする者は右側を行く。」との目撃談を書き残しています。

いずれも「上り」の旅をした場面での証言ですが、近世の街道には旅人がすれ違う際に「左側」を歩く慣習が存在し、交通マナーとして定着していたようです。

街道の左側通行は日本の文献にも記されています。『増補海陸行程細見記』には、「道中ハ自分左り手の方を通行すべし　高貴方に往逢たるときは猶更こゝろえ　右へよければ慮外と知るべし」との心得が説かれました。外国人が見抜いた街道の左側通行は、当時の日本人も意識的に実践していた行動だったことがわかります。徳島藩では、路上の往来は左側通行とすることが法令として定められていたそうです（原田伴彦『道中記の旅』）。

近世日本の左側通行の慣習は、政権を握っていた武士の装束と関係があったようです。武士は左腰に刀を差していたため、右側通行では武士同士がすれ違う際に鞘が当たってトラブルの火種になってしまいます。そこで、鞘の接触を未然に回避する意味合いから生まれたのが左側通行だったのです（名和弓雄『間違いだらけの時代劇』）。

このように、街道の左側通行は、狭い道路でお互いに配慮し合うという他者への心配りをベースに成り立っていました。おそらく、広い道では歩く位置を気にする必要もなかったと思われますが、狭いエリアで譲り合う場面では、女性の旅人たちも左側通行の心得を意識しながら歩いたことでしょう。

《本章の参考文献》

秋里籬島編『東海道名所図会 巻之二』小林新兵衛、一七九七
伊能忠敬「奥州紀行」『伊能忠敬研究』八三号、伊能忠敬研究会、二〇一七
歌川広重『東海道五拾三次之内 戸塚・元町別道』鶴屋喜右衛門・竹内孫八、一八三五
歌川広重『東海道五拾三次之内 鳴海』保永堂、一八三五
歌川広重『東海道五十三次細見図会 神奈川』村鉄、一八四五〜四八頃
歌川広重・歌川豊国『双筆五十三次 見附』丸久、一八五四
金沢康隆『江戸服飾史』青蛙房、一九六一
金森敦子『関所抜け 江戸の女たちの冒険』晶文社、二〇〇一
清河八郎「西遊草 巻の九」小山松勝一郎校注『西遊草』岩波書店、一九九三
ケンペル「日本誌」斎藤信訳『江戸参府旅行日記』平凡社、一九七七
国分ふさ「岩城水戸江戸日光道中記」『白沢村史 資料編 原始・古代 中世 近世 近代』白沢村、一九九一
今野於以登「参宮道中諸用記」『本荘市史 史料編Ⅳ』本荘市、一九八八
斎藤月岑編『江戸名所図会 巻之二』須原屋茂兵衛、一八三四
谷釜尋徳『歩く江戸の旅人たち』晃洋書房、二〇二〇
ツュンベリー「一七七〇年から一七七九年にわたるヨーロッパ、アフリカ、アジア旅行記」高橋文訳『江戸参府随行記』平凡社、一九九四
鳥飼酔雅子「増補海陸行程細見記」今井金吾監修『道中記集成 第二五巻』大空社、一九九六

長田かな子『相模野に生きた女たち』有隣堂、二〇〇一
中村いと「伊勢詣の日記」『江戸期おんな考』三号、桂文庫、一九九二
名和弓雄『間違いだらけの時代劇』河出書房新社、一九八九
バード「日本の未踏の地」高梨健吉訳『日本奥地紀行』平凡社、二〇〇〇
原田伴彦『道中記の旅』芸艸堂、一九八三、二三八頁
松尾芭蕉「笈の小文」中村俊定校注『芭蕉紀行文集 付 嵯峨日記』岩波書店、一九七一
八隅蘆庵『旅行用心集』須原屋茂兵衛伊八、一八一〇
「東海道宿村大概帳」児玉幸多校訂『近世交通史料集四』吉川弘文館、一九七〇

第3章

女子旅の困難

女子旅には、行く手を阻む困難が付き物でした。本章では、関所を越える、難所を歩く、大河を渡るという三つの場面を取り上げ、女性の旅人がどのようにして道中の困難に立ち向かったのかを見ていきましょう。

1　関所を越える

▽関所の包囲網

徳川幕府は治安維持のために街道の要所に関所を設けていました。江戸の防衛を目的として、主要な街道の基点に五三ヵ所の関所を置きます。

図3-1は、近世の五街道と主要な関所の配置図です。これによると、江戸を守るかたちで重要な関所が配置されていたことがわかります。最重要な関所は、箱根、新居、福島、碓氷でした。特に西国から江戸に侵入しようとすると、この「四大関所」を避けて通ろうとしても、必ず他の関所に捕まるように設計されています。地元近郊の散策ならともかく、遠くに旅をしようとすれば、関所を避けて通ることはほぼ不可

能です。

関所の主な役割は、「入り鉄砲《でっぽう》に出《で》女《おんな》」を監視することでした。諸大名の謀反を警戒した幕府は、武器類の江戸への持ち込み（入り鉄砲）と、江戸に人質として住まわせた諸大名の妻女が関所の外側へ出ること（出女）を厳格に取り締まる策を講じます。そのため、関所では特に女性に対する厳しい改めが行われ、長距離の徒歩旅行をする女性にとっては、警戒すべき難所のひとつでした。

近世の女性の旅人たちは、どのようにして関所をクリアしたのでしょうか。以下では、旅日記を手掛かりにリアルな関所事情を探ってみましょう。

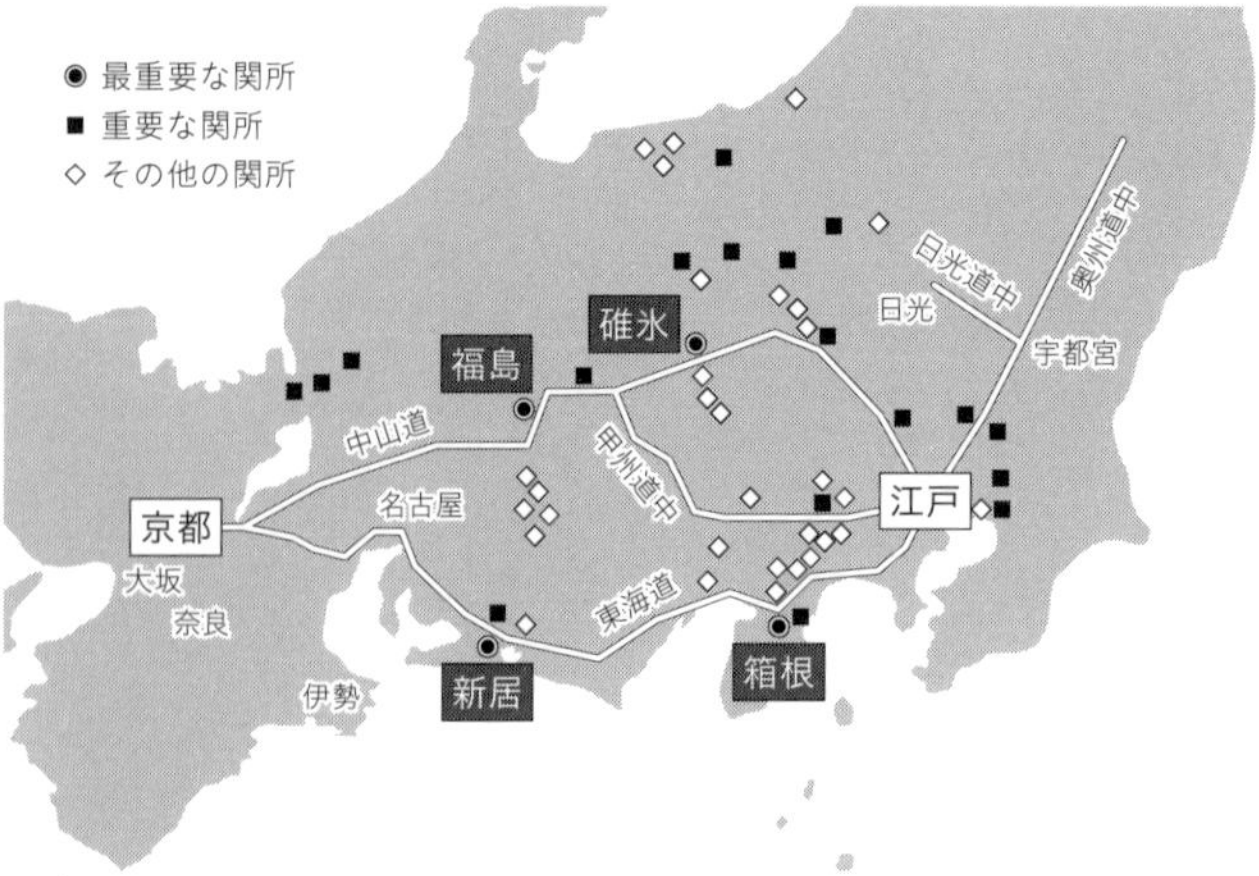

図3-1 五街道と主要な関所の配置
出典：児玉幸多編『日本交通史』吉川弘文館，1992ほかより作成

▽人見女の取り調べ

近世の街道には関所網が張り巡らされていましたが、関所の通行には関所手形の準備が必要でした。男性は無手形でも通過を許されたようですが、女性は関所手形がなければ正面をきって関所を通過することはできません。

関所に辿り着いたら、役人による手形の確認が行われます。『旅行用心集』には、「其場かゝり、懐中、鼻紙入等尋さかすハ不取廻しなるもの也。女通り手形等も同様なり。」と記され、その時になって手形を探すような不手際がないように、手元に準備しておくことが大切だと説かれました。

関所手形を持っていても、女性は厳重な取り調べを受ける場合が多かったようです。丸亀藩の江戸屋敷で仕えていた井上通は、任務を終えて故郷丸亀に戻る旅のあらましを『帰家日記』にまとめました。通は、厳しい女改めで知られる箱根関所の取り調べの模様を赤裸々に綴っています。

関所手形の確認が済むと、女性を取り調べる役割の「老たる女」が現われました。元気で荒々しいこの老女は、通の髪をほどいて性別確認のために全身を触り、訛りの強いだみ声で次々と質問をしてきます。通は「いかにする事にかと恐ろし」と書き、これ以上何をされるのかと怯えました。

続いて、役人と老女がやり取りをしながら手形の記載事項と照らし合わせ、入念な本人確認を行ったうえで、ようやく通行が許可されました。役人から許可が下りるまで、通は「胸つぶるゝ心地」になり、不安で仕方がなかったようです。無事に関所を越えた通は、老女の取り調べで乱れた髪を箱根峠の茶屋で結い直し、再び旅を続けました。

箱根関所は江戸から出て行く女性を厳重に取り締まったので、関所手形を所持していても、「出女」にあたる井上通は身の毛もよだつ改めを受けざるを得なかったというわけです。通を恐怖におとしいれた老女は、人見女《ひとみおんな》や改め婆《あらたばばあ》などと呼ばれました。東海道を旅したケンペルは、箱根関所の女性の取り締まりについて「そのために任命されている婦人が手でさわって取調べを行なうことになっている。」と書いています（『日本誌』）。

人見女の目はそう簡単にはごまかせず、関所手形の記載事項が本人の風貌と異なっていれば通行許可は出ません。井上通も、かつて丸亀から江戸に上った時に、手形の内容不備で新居関所を通行できず、手形の再発行に時間を浪費した苦い経験がありました（『東海紀行』）。

図3－2は『双筆五十三次』に描かれた人見女の取り調べの様子です。人見女は髪

の中に何か隠していないかを調べるために女性の髪をほどいてかき乱し、着物の中に手を入れてボディチェックをしたので、相当な時間を要しました。

江戸から伊勢参宮をした商家の妻の中村いとも、往路に箱根関所を通過した際に「箱根御番所にかゝりて 御あらため手形などにてひさしく手間とれり」と書いています（『伊勢詣の日記』）。いとは問題なく関所の通行を許可されましたが、それでも手形のチェックや人見女の改めは長時間に及んだようです。もっとも、女性の改めの判定は人見女のさじ加減に任されていましたから、人見女に袖元金を渡す見返りに、執拗な取り調べから逃れようとする旅人もいたそうです（金森敦子『江戸庶民の旅』）。

このように、女性が関所を合法的に通行するには、手形の準備に加えて厳重な取り調べを受けなければなりませんでした。しかし、女性の旅行熱が高まるに連れて、関所を正面から通らなくても旅を続けられる方法が生まれ、女性の間でも普及していき

図3-2　新居関所の人見女の取り調べ
出典：歌川広重・歌川豊国『双筆五十三次 荒井』丸久，1855（国立国会図書館デジタルコレクション）

ます。

▽斎藤亀代の関所通行と案内ビジネス

本書でたびたび登場する『西遊草』は、幕末の志士として知られる清河八郎の旅日記です。安政二（一八五五）年、八郎は母の亀代の念願だった伊勢参宮を思い立ち、全国各地を訪ね歩く一六九日間に及ぶ母孝行の観光旅行をしました。八郎母子の伊勢参宮は抜け参りです。当時、抜け参りは珍しくありませんでしたが、無許可であるがゆえのリスクもありました。

『西遊草』は抜け参りの旅でしたので、手形は準備していません。男性の清河八郎は無手形でも問題はなかったはずですが、無手形の亀代はどのように関所を越えたのでしょうか。以下では、『西遊草』をガイドに、当時の関所事情を探ってみましょう。

亀代たちが最初に越えたのは、鉢崎関所（現在の新潟県柏崎市）です。この関所では、「下り」の旅をする女性だけを取り締まっていたため、「上り」方面にあたる亀代は手形を見せなくても難なく通過できました。

次に差し掛かったのは関川関所（現在の新潟県妙高市）ですが、ここは鉢崎関所とは違って、上り・下りともに女性を通さないと噂されていました。そこで、無手形の亀代たちは正面からの通過を諦め、宿屋の案内で早朝に関所の下の忍び道を通り、関所門前の柵木《さくぎ》をくぐり抜けています。スリル満点の大胆な関所破りの決行です。

無手形の女性が密かに関所の抜け道を通ったり山越えをする関所破りは、摘発されればその場で磔《はりつけ》にされかねない大罪でした（柴桂子『近世おんな旅日記』）。亀代たちの関所破りが、宿泊先の従業員の手引きで行われたのは興味深い事実です。関所近隣の宿屋は、女性の密かな通行を斡旋《あっせん》するビジネスを展開していた実態が透けて見えてきます。もちろん、関所の番人が柵木を抜ける旅人の姿に気が付かないはずはありません。ガイド役の宿屋は、関所側と結託して分け前を渡すことで、関所破りの案内ビジネスを巧みに成立させていたのでしょう。

続いて、行く手には中山道の福島関所（現在の長野県木曽町）が立ちはだかっていました。今度は、福島関所を迂回して脇道を通行することで、合法的に関所を回避する作戦に出ます。福島関所の迂回路にも初瀬関所（現在の長野県飯田市）がありましたが、亀代たちは関所よりも高台にある脇道から堂々と関所を抜けました。

東海道では新居関所（現在の静岡県湖西市）の手前で迂回路を選択しました。ここには気賀関所（現在の静岡県浜松市）がありましたが、亀代はまたしても関所破りを行います。その方法は、夜中に船で浜名湖を渡ることでした。人びとが寝静まった夜更けに船頭が宿に呼びにきたのを合図に、急いで身支度を整え食事を取ってから乗船し、星空を眺めながら湖を渡る静かな関所破りです。ここにも、やはり関所破りの斡旋業の存在が見え隠れします。非合法の通行を容認した関所と、そこにぶら下がる関所破りの案内ビジネスの存在が、女子旅の活性化を支えていたと言えるでしょう。

この四日後には、最も厳しい改めで知られる箱根関所（現在の神奈川県足柄下郡箱根町）まで辿り着きました。しかし、箱根関所では江戸から出て行く女性を厳格に取り締まりましたが、『西遊草』のルートは逆に江戸に入る側でしたから、無手形の亀代もフリーパスで正面から通行しています。

日光街道には栗橋宿の近くに房川渡中田《ぼうせんのわたしなかた》関所（現在の埼玉県久喜市）がありました。ここでは、一〇〇文の案内賃を払って利根川を渡り、無事に関所を越えています。

このように、亀代は非合法な関所破りを繰り返しましたが、彼女だけが特別な悪行を働いていたわけではありません。近世後期に無手形の抜け参りをする女性の間では、関所破りが常態化していたそうです（深井甚三『近世女性旅と街道交通』）。

天保一二（一八四二）年、筑前国鞍手郡底井野（現在の福岡県中間市）の商家の主婦だった小田宅子は、女友達三名と荷物持ちの男性を連れ立って五ヵ月間の観光旅行を楽しみました。宅子は旅日記の中で、福島関所を避けて奥深い山中の急斜面の抜け道を登り、「くるしき事いはんかたなし。」と書いています（『東路日記』）。五三歳の宅子にとっては、相当ハードな関所破りだったようです。

このように、手形を用意して正面から通行するにせよ、迂回するにせよ、こっそり裏道を抜けるにせよ、女性連れの旅は関所から強い制約を受けていました。女子旅のルートや歩行距離にしても、おそらく関所の位置関係に大きく左右されていたことでしょう。もっとも、好奇心旺盛な女性の旅人の中には、関所を旅行中のアトラクションのように捉えて、人見女の改めや関所破りのスリルを楽しんだ強者もいたかもしれません。

図3-3　中山道の福島関所
出典：歌川広重『木曽海道六拾九次之内福しま』錦樹堂，1835～37（国立国会図書館デジタルコレクション）

2　難所を歩く

▽有井諸九尼と難所の憂い

京都岡崎に在住の有井諸九尼《しょきゅうに》は、もともとは庄屋の妻でしたが、旅の俳人と駆落ちして女流俳諧師の道に進み、波乱万丈の人生を送った女性です。明和八（一七七一）年、諸九尼は松尾芭蕉の足跡を辿る奥州行脚の旅に出ました。『野ざらし紀行』にならって東海道経由で江戸へ、『鹿島詣』にならって利根川沿いに鹿島へ、それから『奥の細道』にならって松島まで行き、帰りは中山道を通って『更級紀行』の道筋で京都に帰郷しています（金森敦子『江戸の女俳諧師「奥の細道」を行く』）。

旅をした当時、諸九尼は五七歳でした。この年齢で、京都から奥州までの長距離徒歩旅行を計画したことからも、諸九尼のバイタリティ溢れる人物像が浮かび上がってきます。ここでは、諸九尼が記した『秋風の記』をもとに、道中で遭遇した難所のいくつかを見ていきましょう。

諸九尼は、遠州の秋葉神社に向かう途中、樹木が生い茂って空も見えない秋葉山中をおそるおそる歩き、難儀しました。しかし、その後、さらなる恐怖が諸九尼を襲います。『秋風の記』に「蛭《ひる》といふ虫の梢《こずえ》より落て足に咬付て血をすふ」と記されたように、ヒルが木の枝から大量に落ちてきて、次々と諸九尼の足に吸い付き、血を吸いはじめたのです。

あまりの気持ち悪さに難渋しているうちに雨も降ってきて、一歩も前に進めなくなりました。しかし、そこは山の中で泊まれる宿屋もありません。やむを得ず、案内人の袖につかまりながら何とか歩き続けました。諸九尼が「雨もなみだもふりそひて行」と書いたように、雨と涙が入り混じって、ずぶ濡れの状態で命からがら歩く壮絶な道中でした。

諸九尼の旅からおよそ五〇年後に同じ秋葉街道を歩いた三井清野は、旅日記に「こわひ名物有……道すから山さかまことニこわし」（恐い名物あり……道すがら山坂誠に恐し）と記録しています（『道中日記』）。この急斜面の坂道は、清野にとって「恐い名物」だったようです。

それから、諸九尼は東海道を歩いて箱根まで辿り着きます。当時、東海道で一番の難所と恐れられた箱根山中について、諸九尼は「下り坂に向へは、いみしくさかしくて、踏もとゝめかたく」と表現し、踏みとどまることも難しい急斜面の下り坂に難儀しました。

箱根峠の下り坂の険しさは並大抵ではなく、ここを通過した井上通も「下る坂にはまるびや落ちぬべきとあやうく心をくだく事たびたびなり」と記し、恐怖感を露わにしています（『帰家日記』）。

しかし、箱根越えをする旅人を悩ませたのは、急斜面という地形だけではありませんでした。幕府は、延宝八（一六八〇）年に箱根峠から三島宿までのうち、約一〇kmの区間を排水の設備も施した石畳道に改良しています。特に女性の旅人にとって、この人工の石畳道は極めて歩き難い路面だったようです。

享保五（一七二〇）年に箱根山中を歩いた女性芸人の鈴木武は、「今日は坂数多《あまた》越ゆるに、山駕籠も不要なりとて、歩み苦しき石の上を徒歩にてたどりけるまゝ、いと痛う疲れ困じぬ。」という印象を書き残しています（『庚子道の記』）。また、中村いとは、箱根の石畳道を荷物を載せて往来する馬を目撃し、「その間の石より石にひづめかけて、あやまたずのぼりくだりするぞあやうげなる」と綴りました（『伊勢詣の日記』）。急坂を転げ落ちないように、石畳の隙間に馬の蹄を引っ掛けて上り下りしていたようです。

図3－4は、広重の『五十三次名所図会』に描かれた箱根山中です。松明を手にし

て急坂の石畳道を歩く旅人の姿があります。

ところで、箱根通過後、江戸から奥州まで順調に旅を進めた諸九尼でしたが、仙台に到着した直後に体調を崩します。体調はみるみるうちに悪化し、ついには起き上がることも辛くなり、寝込んでしまいました。諸九尼は、「覚束なき老の身の、三百里の遠きにたとり来て、いくへきとも覚へず悲し。」と、おぼつかない老人が遠路をここまで歩いてきながら、目的地の松島までもう少しのところで立ち往生していることを大いに悔やみます。

結局、仙台で六週間ほど療養した後、何とか旅を続けられるまでに回復しましたが、諸九尼にとって五〇代後半での暑い盛りの長距離徒歩旅行は、さすがにこたえたようです。

図3-4　箱根山中の石畳道
出典：歌川広重『五十三次名所図会　十一　はこね』1855（国立国会図書館デジタルコレクション）

▽牧野き代が歩いた熊野古道

葛飾郡亀戸村（現在の東京都江東区）の牧野き代は、文化六（一八〇九）年に地主経営者の夫と供の男性の三名で伊勢詣での旅に出ました。この時、夫の牧野勘四郎は旅の模様を『道中記』という旅日記に書き残しています。

伊勢参宮を果たした後、き代たちは南側へ進路を取り、熊野三山に参拝しました。伊勢から熊野に至るまで、き代たちは熊野古道を歩きましたが、ここは旅人を苦しめた難所続きの街道です。以下では、勘四郎が書いた『道中記』を通して、き代が熊野古道の難所を越えていった様子を追想してみましょう。

図3－5は、一行の足取りを地図上に復元したものです。最初に遭遇した難所は、馬越峠《まごせとうげ》でした。この尾鷲周辺は日本でも有数の雨量を誇るエリアで、路面の保護のために重厚な自然石が敷き詰められていました。箱根峠がそうであったように、旅人にとって石畳道は歩きにくい路面です。しかも、熊野古道に敷かれた石はサイズが大きく、『道中記』には「惣大き成る平石にて敷ならべ　誠に岩山難所なり」と書かれています。起伏の多い山道を歩き続けた後、勘四郎は「誠に草臥《くたびれ》たり」とこぼしていますので、女性のき代はさぞかし疲労困憊だったことでしょう。

次に差し掛かったのは、西国一の難所と恐れられた八鬼山《やきやま》です。このエリアも石畳が敷かれ、特に下り坂の通行に旅人は難儀しました。『道中記』には「八鬼山険岨聞しにまさる大難所也」とあり、想像以上の難路にき代たちは苦戦します。結局、途中で徒歩移動を諦め、荷物持ちの人足も雇い、駕籠に乗って八鬼山を下りました。八鬼山の下り坂の難所ぶりは、ここを行き交った多くの旅人が日記に書き留めています（塚本明『江戸時代の熊野街道と旅人たち』）。

続く逢神坂峠《おうかみざかとうげ》の「逢神」とは、隣接する伊勢と熊野の神が出会う場所という意味合いだそうです。かつては狼が出没したことから「おうかみ」の名が付いたという説もあり、『道中記』では「狼坂」の文字で表記されています。この区間も石畳道の難所で、勘四郎が「歯をかむで越る狼坂なれば実おそろしくおもほゆるもの」と詠んだように、き代たちは歯を食いしばる思いで逢神坂峠を越えました。

七里御浜《しちりみはま》は海岸線を歩くエリアです。ここは峠道のような起伏はないものの、悪天候の時には荒波にさらわれて命を落とす危険性がありました。『道中記』には「波打ちぎわをあゆミ親しらず子しらず誠ニ絶景の難所也、雨中又ハ風荒ければ通行かたく山上の道を通る」と説明されています。き代たちは天候に恵まれて「絶景」を見ることができましたが、雨天や暴風の時には、七里御浜の通行を避ける慣わしがあったようです。

熊野三山のうち、熊野速玉《はやたま》大社と熊野那智《なち》大社の参詣を終えた一行は、熊野本宮《ほんぐう》大社に向かう途中で大雲取越《おおくもとりごえ》に差し掛かりました。雲の中を歩くような峠道を越すことからこの名が付いたそうです。大雲取越はアップダウンの激しい石畳道が続き、胴切坂という最難関の下り坂を越えなければなりません。勘四郎が「大雲取 誠に巌石を畳ミ難所五十町有り……道切坂難所」と記したように、き代たちは何とか胴切坂を下って大雲取の峠をクリアしました。

このように、牧野き代は、男性でも難義するような熊野古道を立派に歩き通しています。熊野三山は女人禁制で

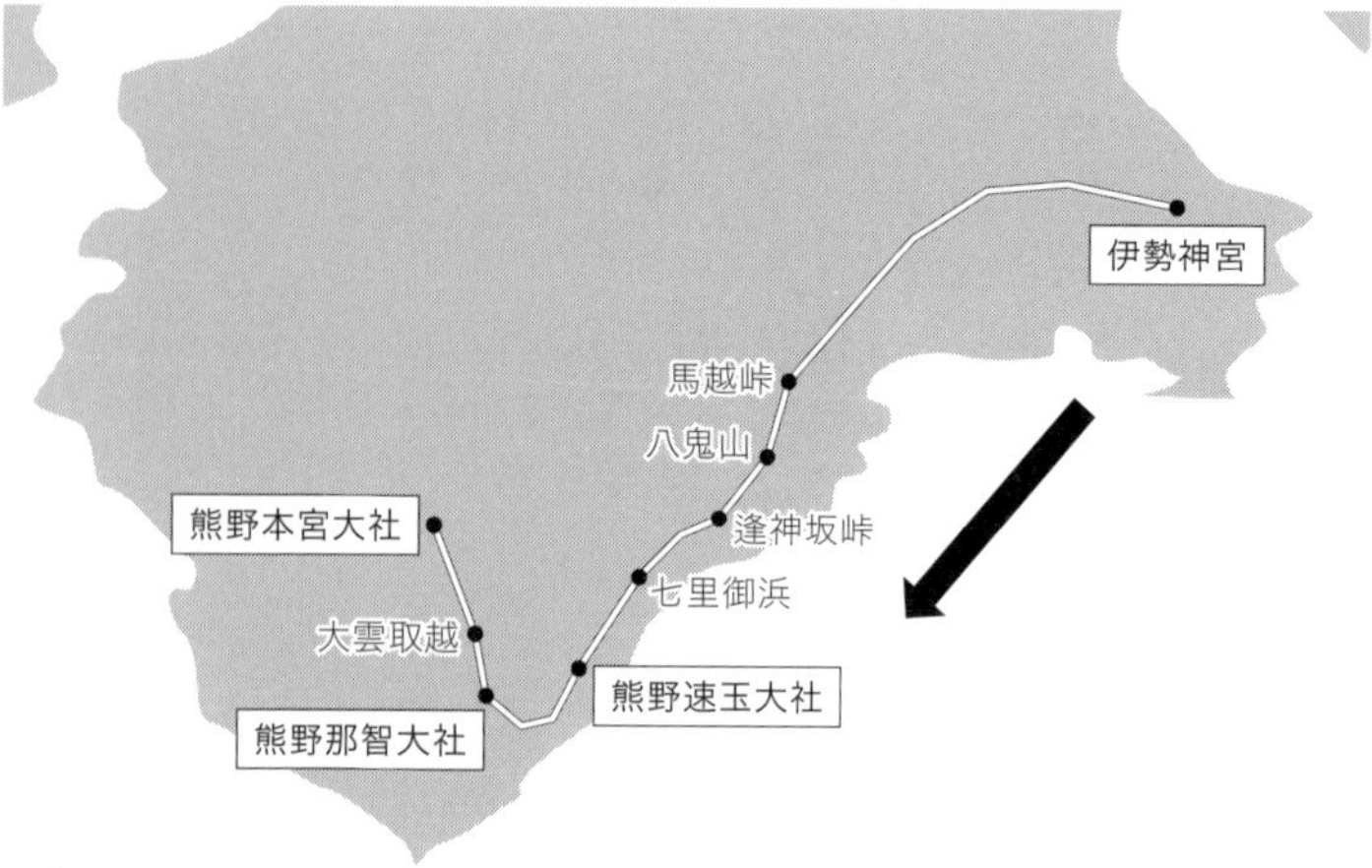

図3-5 牧野き代が歩いた熊野古道の難所

出典：牧野勘四郎英長「道中記」『江東区資料 牧野家文書二』江東区教育委員会生涯生活課，1995より作成

はありませんでしたが、東日本からの伊勢参宮で女性が熊野古道まで足を伸ばすのはレアケースです。き代は、男性と同じ条件で、次々と迫り来る熊野古道の難所を歩き続ける歩行能力と、ストイックなメンタリティを兼ね備えた女性だったとイメージすることができます。

3　大河を渡る

▽徒歩渡しという交通手段

近世には橋が架けられていない大河が多く見られました。その場合、旅人が川を渡る方法は大きく分けて二種類で、ひとつは船渡し、もうひとつが徒歩渡《かち》しです。徒歩渡しとは、川越人足の男たちが旅人を肩車したり、輦台の上に載せて人力で川を渡ることを言いました。

人足が一名で済む肩車よりも、運び手の人数が増えて乗り物のレンタル代もかかる輦台《れんだい》の方が運賃は高くなります。川越の料金設定は水位によって変動し、人足の身体を物差しとして、股通《またどおし》、帯下通《おびしたどおし》、帯上通《おびうえどおし》、乳通《ちちどおし》、脇通《わきどおし》の五段階で値段が決まる仕組みでした。

大雨で増水すると「川留《かわどめ》」になって河川の通行が禁じられ、水位が落ち着いて「川《かわ》明《あけ》」となるまで、旅人は手前の宿場で足止めされ、余計な日数と宿泊代を浪費します。近世の旅人にとって、大河は旅の進み具合を大きく左右する重要なポイントでした。

『旅行用心集』には、女性が徒歩渡しで大河を越える際の注意点が記されています。同書いわく、女性は大河の水の勢いを怖がり、川越人足の乱雑な振る舞いに驚いて難儀する場合がよくあるため、連れの男性は事前に徒歩渡しの様子を女性によく言って聞かせることがトラブル回避のために重要だそうです。

東海道では、徒歩渡しで旅人を運んだ大河がいくつかありましたが、特に有名なのが島田宿と金谷宿の間を流れる大井川です。大井川の手前に立てられた高札には、「往来之旅人に対し、川越之者かさつ成事すへからす」とあり、川越人足は往来の旅人をがさつに扱ってはならないと命じられていました（『東海道宿村大概帳』）。この定め書きを額面通りに読むと、川越人足は言いつけを守って旅人に親切な対応をしていたことになります。しかし、現実的に考えれば、徒歩渡しを担う男たちが荒っぽい気性で旅人を困らせていたために、こうした条項が定められたと理解するのが自然でしょう。

事実、大井川は多くの女性の旅人を恐怖に陥れた危険地帯として知られていました。

▽大井川を渡った女性たち

文化三（一八〇六）年、代官の妻の土屋斐子《あやこ》は、夫の任地へ向かう途中で大井川の徒歩渡しを経験しました。斐子は、荒々しい動作で輦台を担ぐ人足たちが、いつ川の中に落とされるかと恐怖で顔を真っ青にした女性たちを「笑ひのゝしる」模様を見て、腹を立てています（『旅の命毛』）。斐子の証言が本当なら、大井川を越える女性の旅人は、川越人足にからかわれてとても嫌な思いをしたことでしょう。

有井諸九尼も、大井川での徒歩渡しの体験談を旅日記に書いています。諸九尼に言わせれば、輦台は「おかしく作りたる台」だそうですが、数名の川越人足によって無事に向こう岸まで渡りました。諸九尼は、徒歩渡しの最中の模様を「肩の上に波こしてあやふくおそろしく　いきたる心地もせで　目ふさぎ念仏申すうちにわたりはてぬ」と実況中継します（『秋風の記』）。この日は川の水位が高かったようで、諸九尼は肩まで波が上がってくるのを見て恐ろしくなり、生きた心地がしませんでした。あまりの恐ろしさに、目を開けていることすらできず、途中からは目を閉じて念仏を唱えながら耐えるしかなかったようです。

図3-6は、歌川豊国が描いた大井川の徒歩渡しの風景です。川を渡る多くの女性たちの姿があります。ある者は肩車で、またある者は輦台の上に載って運ばれています。駕籠を輦台に載せて移動することもあったようです。これだけの人足が縦横無尽に往来すれば、水中にはランダムな波しぶきが舞い上がります。

この絵画では、川の水位は帯上通あたりに見えますが、水位が上がるほど川の水面が旅人に近くなり、川の中に落下するのではないかと恐怖感も増していくわけです。もしも、水位の高い脇通の日に徒歩渡しで通行すれば、肩車なら足は水に浸かり、輦台でも波しぶきが目の前で上がり、せっかくあつらえた着物も濡れてしまいます。諸九尼は、波が肩の上を越えていった

図3-6 大井川の徒歩渡しの風景
出典：歌川豊国『大井川往来之図』伊世忠，1853（東京都立図書館 TOKYO アーカイブ）

と書いていますので、かなり水位の高い日に大井川を渡ったことがわかります。彼女が旅日記に綴った恐怖体験は、決して大袈裟ではなかったのです。

ただし、恐怖の感じ方は人それぞれでした。大井川を輦台で渡った中村いとは、「河原広く見渡されて　おとにきゝしほとおそろしともおもはざりき」と記しています（『伊勢詣の日記』）。いとは、輦台から景色を見渡す余裕もあり、噂に聞くほど恐くはないとあっさりした感想を残しました。この日は水位が低かったようですが、いとの逞しさには驚かされます。

荒々しい態度の川越人足に少しでも丁寧に運んでもらうには、有効な方法がありました。それは、人足に酒代（チップ）を渡すことです。今野於以登は、大井川を徒歩渡しで通過した際、輦台の料金のほかに、「酒代」として一〇〇文を支出しています（『参宮道中諸用記』）。女性が安心して大河を渡る秘訣は、「運転手」の機嫌を損ねないように金で話を付けることだったのです。

前述した関所破りの斡旋業の存在も合わせて考えると、女子旅に付き物だった困難のいくつかは、金次第で軽減できたという現実も見えてきます。そのような環境があればこそ、たくさんの女性が観光旅行を楽しむために故郷を旅立つことができたのです。

《本章の参考文献》

有井諸九「秋風の日記」『湖白庵諸九尼全集 増訂版』和泉書院、一九八六
井上通「帰家日記」古谷知新編『江戸時代女流文学全集 第一巻』日本図書センター、一九七九
井上通「東海紀行」古谷知新編『女流文学全集四巻』文芸書院、一九一九
歌川豊国『大井川往来之図』伊世忠、一八五三
歌川広重・歌川豊国『双筆五十三次 荒井』丸久、一八五五
歌川広重『木曽海道六拾九次之内福しま』錦樹堂、一八三五～三七
歌川広重『五十三次名所図会 十一 はこね』一八五五
小田宅子「東路日記」前田淑編『近世女人の旅日記集』葦書房、二〇〇一
金森敦子『江戸庶民の旅――旅のかたち・関所と女――』平凡社、二〇〇二
金森敦子『江戸の女俳諧師「奥の細道」を行く』晶文社、一九九八
清河八郎「西遊草 巻の二・三・九・十」小山松勝一郎校注『西遊草』岩波書店、一九九三
児玉幸多編『日本交通史』吉川弘文館、一九九二
今野於以登「参宮道中諸用記」『本荘市史 史料編Ⅳ』本荘市、一九八八
柴桂子『近世おんな旅日記』吉川弘文館、一九九七
鈴木武「庚子道の記」古谷知新編『江戸時代女流文学全集 第三巻』日本図書センター、一九七九
塚本明『江戸時代の熊野街道と旅人たち』塙書房、二〇二二
土屋斐子「旅の命毛」古谷知新編『江戸時代女流文学全集 第三巻』日本図書センター、一九七九
中村いと「伊勢詣の日記」『江戸期おんな考』三号、桂文庫、一九九二

深井甚三『近世女性旅と街道交通』桂書房、一九九五
ケンペル「日本誌」斎藤信訳『江戸参府旅行日記』平凡社、一九七七
牧野勘四郎英長「道中記」『江東区資料　牧野家文書二』江東区教育委員会生涯生活課、一九九五
三井清野「道中日記」『きよのさんと歩く江戸六百里』バジリコ、二〇〇六
八隅蘆庵『旅行用心集』須原屋茂兵衛伊八、一八一〇
「東海道宿村大概帳」児玉幸多校訂『近世交通史料集四』吉川弘文館、一九七〇

第4章

女子旅の家計簿

旅をするには、お金が必要です。とくに、都市の貨幣経済が街道筋まで浸透した近世後期には、旅行中の大半の出来事を金銭と引き換えに解決できる環境が整いました。本章では、女性が旅の道中でどのようにお金を使ったのかを旅日記を通して紐解いていきましょう。

1　近世後期の一両は、今のいくら？

表４－１は、本章に関する基礎知識として、近世後期の貨幣価値を一覧にしたものです。現代の日本の通貨単位は「円」に統一されていますが（為替等の場合は「銭」も使用）、近世には「金」「銀」「銭」という単位の異なる三種類の通貨が同時に流通していました。近世後期の交換相場では、だいたい金一両は銀七五匁《もんめ》、銭六三〇〇文に相当します。

当時の物価が、現代の世の中でどのくらいの価値があるのかも気になるところです。近世と現代では、社会の仕組みや人びとの暮らしが大きく異なるので、正確な換算はできません。しかし、目安として貨幣価値を現代に置き換える方法はあります。その一つが、同じ職種の賃金を比べて現代の感覚に置き換える方法で、よく事例に出されるのが大工の賃金による比較です。もう一つは、米の値段による換算法で、近世と現代の米価を比べて貨幣価値を導き出します。

こうした方法で換算すると、一両の値段は、賃金ベースでは約三〇万円、米の価格では約五万五五五五円になるそうです。銀一匁はそれぞれ四〇〇〇円と六六六円、銭一文は四七・六円と八・八円に相当します。金額に大幅な開きがあることからもわかるように、近世と現代の貨幣価値を比べるのは簡単ではありませんが、「女子旅の家計簿」を読み解くための手掛かりとしては十分でしょう。

表4-1 貨幣価値の一覧

換算単位	金（両）	銀（匁）	銭（文）	現代感覚（賃金より換算）	現代価値（米価より換算）
金１両	１両	75匁	6300文	30万円	５万5555円
銀１匁	0.0133両	１匁	84文	4000円	666円
銭１文	0.0002両	0.0119匁	１文	47.6円	8.8円

出典：磯田道史『武士の家計簿』新潮社，2003，p. 55

2　どのくらいの旅費が必要だったのか

女性の旅の費用について述べる前に、一般的な庶民男性の旅費の傾向を紹介します。

弘化二（一八四五）年、江戸近郊の多摩郡喜多見村（現在の東京都世田谷区）から、田中国三郎という農民男性が仲間たちと伊勢に旅立ちました。東海道を歩いて伊勢参宮を果たした後、奈良や高野山を巡って四国の丸亀や岩国の錦帯橋まで足を延ばし、大坂・京都を観光してから長野の善光寺経由で帰着した八六日間の大旅行です。

几帳面な性格だった国三郎は、旅行中の出来事とともに、使った旅費の内訳を『伊勢参宮覚』という旅日記に漏れなく毎日書き残しました。日記をもとに計算すると、旅の全行程で使った費用の総額は五両五貫七七一文（三七二七一文）になります。現代の貨幣価値では、賃金ベースで約一七七万四七〇〇円、米価で約三二万八五九五円という金額です。

一日あたりの平均支出額を割り出すと、およそ四三三文になります。この金額をベースに考えると、近世後期に旅をする場合、一ヵ月間（三〇日）の旅なら二両、二ヵ月間なら四両、三ヵ月間なら六両ほどの旅費が必要だったという実情が見えてきます。

文政期（一八一八〜三〇）頃の世相を描いた『文政年間漫録』によれば、江戸市中で野菜を販売する棒手振り（天秤棒を担ぐ行商人）の日収は四〇〇文程度、大工の日収は五〇〇文程度だったそうです。江戸の中下層の商工人を例に見ると、日常的な一日の稼ぎと旅の必要経費はほぼ同額だったことになります。当然、日々の収入からは生活費等の支出が差し引かれますので、現金収入を得ていた都市の住民といえども、長期間に及ぶ旅費を個人負担で用立てるのは、そう簡単なことではありませんでした。

田中国三郎は特別に裕福な人物ではなく、村人が少しずつ旅費を積み立てて代表の複数名が伊勢参宮を行う「代参」の形式で旅立ちました。いわば公的資金を使って旅をしたため、国三郎が『伊勢参宮覚』に書き留めた旅費の支出明細は、帰郷後に村人たちに見せる会計報告書でもあったのです。

伊勢参りを目的とする集団は伊勢講と呼ばれ、近世には全国各地で伊勢講が結成されていました。多くの場合、代表者の選抜はくじ引きでしたが、公平性を保つために講のメンバー全員の伊勢参宮が終わるまで旅費の積み立ては繰り返し行われたそうです。伊勢講の加入者は男性が中心でしたが、代参者に選ばれた主人や知人に便乗して女性が一緒に旅立つこともありました。江戸神田（現在の東京都千代田区）の中村いと（『伊勢詣の日記』）、高座郡淵野辺村（現在の神奈川県相模原市）の鈴木しの（『道中日記帳』）はこのパターンで伊勢参宮を果たしています。

3　今野於以登の旅の家計簿

女性の旅人は、道中で何にお金を使ったのでしょうか。ここでは、由利郡本庄（現在の秋田県由利本荘市）の町人女性、今野於以登が文久二（一八六二）年に行った物見遊山の旅を事例に旅費の内訳を探ってみましょう。於以登は『参宮道中諸用記』の中に、全行程一五一日分の旅費の明細をこまめに記録しました。**表４－２と図４－１**のグラフは、於以登の記録をもとに道中で使った費用を項目ごとに分類し、支出額と全体に占める割合（％）を示したものです。

彼女は、総額にして三〇両四〇五四文の旅費を使いました。現代の貨幣価値では、賃金ベースで九〇〇〇万円以上、米価でも一七〇〇万円を超える大金です。前述した田中国三郎の旅費総額が五両程度でしたので、於以登はかなりリッチな旅をしていたことがわかります。一日の平均支出額は約一二七九文で、国三郎の旅とは文字通り桁違いの金遣いでした。

於以登の旅費を分類すると、割合の高い順に、宿泊費、寺社参詣関連費、飲食代、土産代、交通費、雇用料と並びます。寺社参詣に係る費用は、一回に使う賽銭や拝観料は比較的少額ですが、行く先々の名刹をしっかり巡ると累積ではそれなりの金額になります。

表4-2 今野於以登の旅にみる旅費の支出額と内訳

旅費の項目	支出額（文）	内訳
宿泊費	90611	旅籠代など宿泊にかかった費用（基本的に1泊2食付き）
寺社参詣関連費	38297	賽銭，拝観料，奉納など寺社参詣にかかった費用
飲食代	14103	道中での昼食や間食など飲食にかかった費用（夕食代は含まれない）
土産代	12066	各地の名産品など土産物の買い物にかかった費用
交通費	9384	馬，船，駕籠の利用や川越，橋の通行にかかった費用
雇用料	6907	人足や案内人の雇用にかかった費用
遊興費	5428	都市観光，芝居見物，名所見物などにかかった費用
雑費	4768	小遣い，文房具，ロウソクなどにかかった費用
心付	3956	宿屋や街道筋で心付（チップ）として渡した費用
履物代	2855	草鞋，ぞうり，雪沓などの履物の購入にかかった費用
サービス料	2676	髪結い，按摩，洗濯などにかかった費用
両替手数料	1341	両替時に発生した手数料
関所関連費	482	手形の発行や関所抜けの案内にかかった費用
使途不明	180	金額は記載されているものの使途が不明な費用
合計	30両 4054文（193054文）	

出典：今野於以登「参宮道中諸用記」『本荘市史 史料編IV』本荘市，1988，pp. 610-641より作成

また、善光寺や伊勢神宮には高額を奉納したため、合わせて全体の約二割を占めるに至りました。飲食代、交通費、雇用料は必要経費ですが、土産代が四番目に食い込んでいるのは、於以登が各地の名産品や記念の品々を買い漁っていたからです。

　続いて、芝居見物等に充てた遊興費、文具等の雑費を使っています。宿屋や街道筋の人足に渡す心付に一定額を費やしたのは、女性が安全に旅をするための気配りです。当時は、こうしたチップのことを「茶代」や「酒代」などと称しました。徒歩旅行に必須の履物代、髪結いなどのサービス料、両替手数料も一定額を占めています。関所手形の発行を宿屋に依頼したり、関所抜けを斡旋してもらうための案内賃を使ってい

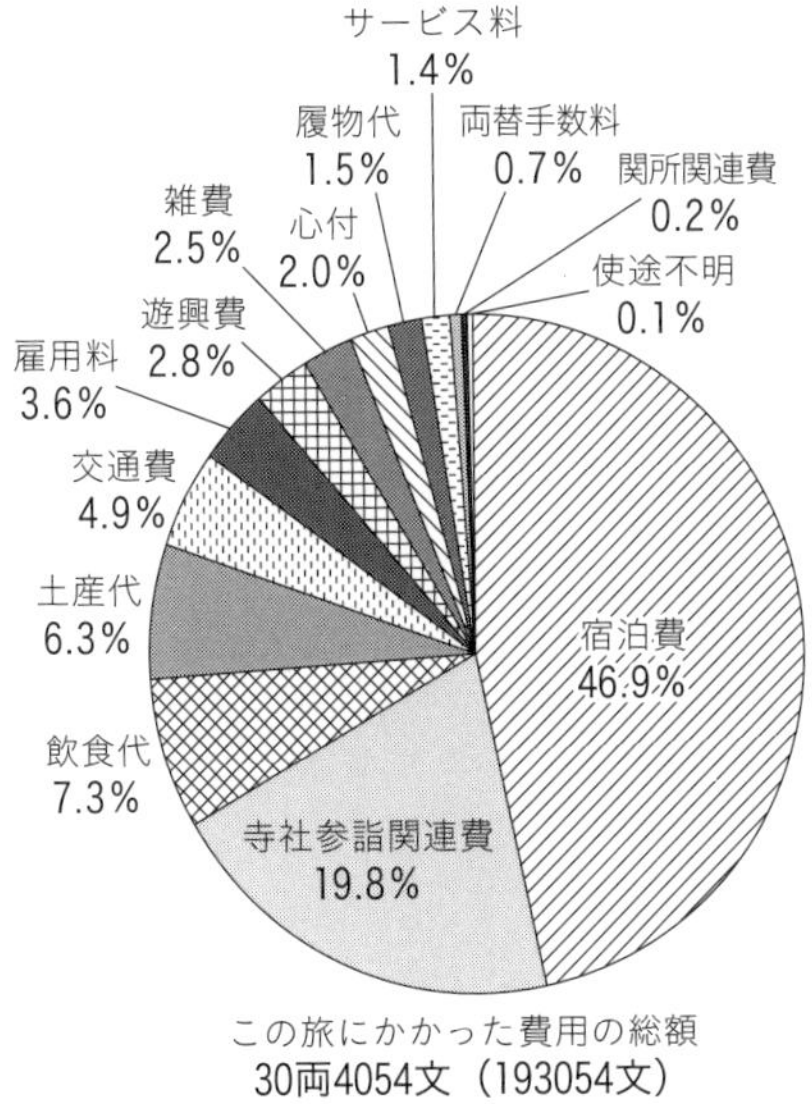

図4-1　今野於以登の旅に見る旅費の支出割合

出典：今野於以登「参宮道中諸用記」『本荘市史 史料編Ⅳ』本荘市，1988，pp. 610-641より作成

るのも女子旅の特徴です。

於以登が贅沢な旅を満喫できたのは、裕福な家柄という後ろ盾があったからで、女性の誰もが金払いの良い旅ができたわけではありません。しかし、金額は違っても、使った旅費の項目とその割合は、多くの女子旅に共通する傾向でした。

ところで、女性は旅先で割増料金を請求されることがあったようです。和賀郡黒沢尻新町（現在の岩手県北上市）の農民の妻だった米屋お七は、船賃として「女ハ壱人ニ付百二四文まし」、つまり一二四文の追加料金を払っています。また、江戸の近くで小船を雇った時には、男性の船賃が五〇文のところ、女性は倍額の一〇〇文を取られました（『道中記』）。

どうやら、女性が旅をする場合、男性と比べて、ある程度余裕をもった金額を準備する必要があったようです。於以登ほどではないにしても、経済的に余裕のある女性の方が旅立ちの機会を得やすかったことは容易に想像がつきます。

4　どんな宿屋に泊まったのか

▽米屋お七のお宿事情

今野於以登の旅費のうち、およそ半分の割合を占めたのが宿泊費です。合計一四両を超える額を宿屋に落としました。於以登が旅日記に計上した宿泊費は二人分の金額ですが、一人あたりの費用を半額で見積もっても七両の大金です。

しかし、於以登の金銭感覚は普通の女子旅にはさすがに当てはまりません。そこで、以下では先ほども登場した米屋お七の旅をモデルに、一般的な女性の宿泊の傾向を探ってみましょう。

表4－3は、お七の旅日記から、一泊の値段と該当する宿場名をまとめたものです。お七が泊った宿の値段は、地域差もあったようですが、二〇〇文を中心に分布しています。幕末期の百科事典『守貞漫稿』には、安政期（一八五四～六〇）頃までの旅籠賃は東海道で二〇〇文ほどだったと説明されているので、嘉永六（一八五三）年に旅したお七は、ごく一般的な一泊二食付の旅籠に泊まっていたと見られます。

表4-3 米屋お七の旅に見る宿泊費の分布

1泊の宿賃（文）	宿場名
38	藤沢（木賃宿）
109	高田（木賃宿）
150	えつ町，平出，先崎，越中畑
164	引嵐，飯島
170	野尻，宮川
172	飯島，大平，中津川，高山
180	岩沼，白石，大渡，鵜沼，細久手，落合，手ノ子
184	台ケ原，腰越
188	関ケ原（浪）
190	玉川
200	松島，須賀川，大田原，雀宮，川崎，荻野，花咲，石和，諏訪，草津，富田，津，松坂，久居，平松，笠木，奈良，枚方，善光寺，木崎，上ノ山（浪），尾花沢
216	結城
220	福島，本宮（浪），乙（浪），湯沢（浪）
224	白坂，江戸，下諏訪
230	新潟
232	大坂
250	善光寺

出典：米屋和吉「道中記」『北上市史 第十二巻 近世10』北上市史刊行会，1986，pp. 134-143より作成

最高値は善光寺の二五〇文ですが、この日は一三里（五〇・七km）を歩いて日暮れに疲れ切って善光寺に辿り着いたため、よく吟味せずに空いている宿屋に飛び込んだところ、思いのほか高額だったようです。お七は翌日も善光寺に宿泊しましたが、同じ宿に連泊せずにもっと安い二〇〇文の宿に替えています。

藤沢（三八文）や高田（一〇九文）では極端に安い宿に泊まっていますが、いずれも木賃宿という素泊まりの宿屋でした。薪代（木賃）だけを支払う形式なので、料金は格安です。

▽**旅籠と木賃宿**

図4－2は『木曽海道六拾九次』の一枚で、中山道の贄川宿の旅籠屋です。店先には荷物を載せてきた馬や駕籠が停められ、宿帳を持った従業員が旅人を待ち構えます。建物内の一階の土間には到着したばかりの旅人が腰を下ろし、草鞋を解いて足を洗うための桶が用意されています。まるでホテルのロビーのような光景です。右側には台所が見え、奥には客間が見えます。二階には、縁に寄りかかってくつろぐ宿泊客の姿があります。

図4－3は『東海道名所風景』の中に収められた新居宿の旅籠内の絵画です。部屋

図 4-2 中山道贄川宿の旅籠屋
出典：歌川広重『木曽海道六拾九次之内贄川』錦樹堂，1842頃（国立国会図書館デジタルコレクション）

図 4-3 東海道新居宿の旅籠屋でくつろぐ女性たち
出典：歌川豊国『東海道名所風景 東海道 荒井』1863（国立国会図書館デジタルコレクション）

でくつろぐ女性たちの姿があります。一人は寝転んでいて、かなりリラックスしているようです。ちょうど食事が運ばれてきて、これから晩御飯でしょうか。

図4－4は『木曽海道六拾九次』に描かれた中山道の御嶽宿の木賃宿です。平屋建ての狭い一室で利用客が囲炉裏の大鍋を囲んでいて、左側には女性客の姿もあります。このワンフロアに客がそろって雑魚寝する形式です。宿の前では、女性従業員が小川で米を洗ったり、天秤棒で水を運んであくせくと働いていています。

木賃宿は食事付ではないので、自分で食材を持ち込んで調理するか、別途、食事代を支払う必要がありました。旅籠屋とは待遇に格差がある貧相な宿泊施設でしたので、

図4-4　中山道御嶽宿の木賃宿

出典：歌川広重『木曽海道六拾九次之内御嶽』錦樹堂，1842頃（国立国会図書館デジタルコレクション）

お七も気が進まなかったのか、木賃宿の利用は二回にとどまっています。『東海道中膝栗毛』では、主人公が木賃宿に泊ったシーンで宿泊客の中に若い女性が登場しますので、女性が木賃宿を利用することはそれほど珍しくなかったのかもしれません。

多くの旅籠屋は、一階が主に家族の生活空間で、二階に加えて一階の座敷も客に開放されていたそうです。部屋は数室、大きい旅籠では十数室が配置されましたが、部屋の間仕切りは襖や障子の建具なので、隣の客の声が筒抜けで防犯上の問題もありました。零細な旅籠では、風呂の湯を取り替えなかったり、布団にノミやシラミが発生することも珍しくはなく、現代から見れば不衛生でした（深井甚三『江戸の宿』）。もちろん、客が立て込めば相部屋になり、女性にとっては一晩中気が休まらなかったことでしょう。

一方、料金を奮発すれば、奥座敷のような離れの特別室に安心して泊まれることもありました。多額の宿泊費を計上した今野於以登は、こうした特別料金を支払って旅籠側に便宜を図ってもらったのかもしれません。

「飯盛女《めしもりおんな》」と呼ばれた女郎を置いて生計を立てる宿屋も多く、女性は宿選びには慎重にならざるを得ませんでした。お七も同様で、飯盛女がいるようないかがわしい旅籠をできるだけ避けていた様子が日記の端々からうかがえます。

▽浪花講という旅館協定組合

旅籠選びの強い味方になったのが、浪花講という協定組合です。浪花講は全国の優良な宿屋を指定した組合で、加盟宿には店先に大きな看板がかけられました。浪花講が発行した『浪花講定宿帳』には、加盟宿に泊まれば飯盛女を勧められる憂いはなく、もし粗末な扱いがあれば、申し出によって定宿の指定を取り消すと明記されています。

お七も、浪花講を活用しました。**表４－３**の宿場名に「(浪)」と付したところは、浪花講の加盟宿へ宿泊したことを示しています。しかし、お七が泊った加盟宿の中には、旅日記に「浪わ組なれ共 女共有」と記されたように、浪花講とは名ばかりで女郎を置いて営業していた旅籠もあり、当てが外れることもあったようです。

浪花講は優良宿という一応のお墨付きがありましたが、値段は安くありませんでした。**表４－３**を見ても、加盟宿は大抵が一泊二〇〇文以上だったことがわかります。

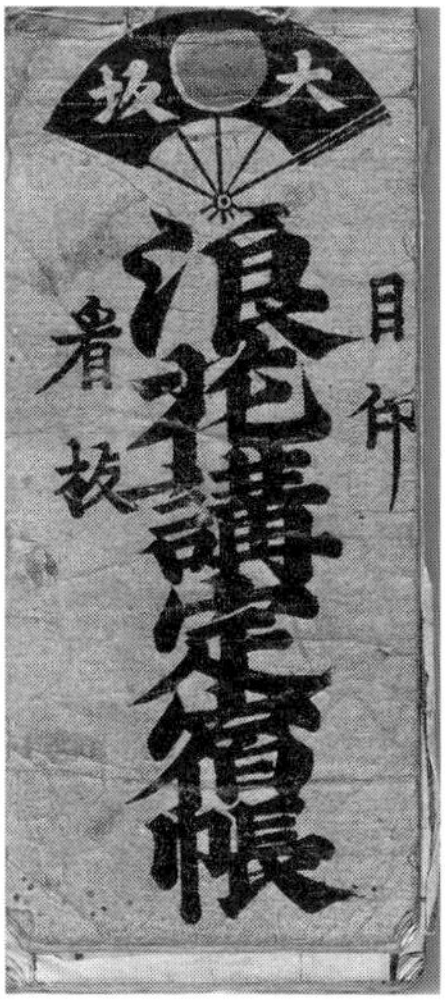

図4-5　『浪花講定宿帳』の表紙
出典：まつや源助編『浪花講定宿帳』幕末期頃（筆者所蔵）

そのため、裕福ではないお七は常に浪花講の旅籠に泊まることは難しく、数回の利用にとどまったのでしょう。

この点で、金に糸目を付けない於以登の旅は別格でした。一五一日間のうち、三分の一の五〇泊分は浪花講の加盟宿に泊まっています（高橋陽一「近世の定宿講と旅行者」）。『旅行用心集』には、少々値が張ってもサービスが良い繁盛した宿屋へ泊るべきだという心得が説かれました。女性が安心して旅を続けるためには、リーズナブルな宿屋よりも、多少の出費を覚悟で優良な旅籠を選ぶことが重要だったのです。

5　今野於以登の履物事情

▽購入記録から見た草鞋の耐久性

於以登が『参宮道中諸用記』に書き留めた支出台帳の中には、草鞋の購入情報が丹念に記録されています。

表4－4は、『参宮道中諸用記』の経過日数と購入した草鞋の数量を示したもので

す。観光などを目的に同じ場所に逗留した日は、日数の数字を太字で表記しました。（　）内の数字は、草鞋ではなく草履の購入数です。草鞋の購入数は大抵が一〜四足の範囲ですが、それは同行者が四名（女性二名・男性二名）の旅だったからです。同行者の誰かしらが必要になったタイミングを見計らって、新しい草鞋を買ったのでしょう。

於以登たちは、一五一日間で合計一六四足の草鞋を購入しています。購入した回数は八〇回です。逗留中は草鞋の購入数が「〇（ゼロ）」であることが多いのは、実情を反映した面白い傾向です。草鞋は長距離を移動するための履物なので、逗留期間中は草鞋を交換する必要性が低かったことを示しています。

また、長期の逗留中には、草鞋ではなく草履を買い求める傾向にあったようです。五三〜五七日目の京都観光中には一回、一一八〜一二九日目の江戸観光中には二回も草履を購入しました。長距離の徒歩移動から解放される都市観光の期間は、草鞋から草履に履き替えてリラックスした日々を過ごしていたと考えられます。

逗留期間を除いた徒歩移動日の一二〇日間で見ると、於以登の草鞋購入の回数は七八回でした。判明する範囲の総歩行距離が二九四二・六kmなので、計算上は三七・七kmに一回のペースで新しい草鞋を買ったことになります。購入数の分析を棚上げする

表4-4 今野於以登の旅に見る草鞋の購入記録

日数	購入数	日数	購入数	日数	購入数	日数	購入数	日数	購入数	日数	購入数
1	0	27	2	**53**	0	79	0	105	1	131	0
2	0	28	2	**54**	0	80	0	106	1	132	0
3	0	29	1	**55**	0	**81**	0	107	1	133	1
4	1	30	3	**56**	0	**82**	0	108	1	134	2
5	0	31	4	**57**	0(2)	**83**	0	109	4	135	0(2)
6	1	32	4	58	1	84	1	110	2	136	0
7	1	33	0	59	0(2)	85	3	111	0	137	0
8	4	**34**	3	60	2	86	3	112	0	138	0
9	0	**35**	0	61	1	87	3	113	0	139	0
10	4	**36**	0	62	0	88	2	114	1	140	4
11	0	**37**	0	63	2	89	3	115	2	141	3
12	1	**38**	0	64	1	90	4	116	1	142	0
13	1	39	0	65	4	91	3	117	0	143	3
14	3	40	1	66	1	92	0	**118**	0(2)	144	2
15	3	41	0	67	1	**93**	0	**119**	0	145	1
16	0	42	2	68	0	94	1	**120**	0	146	1
17	1	43	0	69	0	95	4	**121**	0	147	0
18	1	44	2	70	0(2)	96	0	**122**	0	148	0
19	1	45	0	71	0	97	0	**123**	0	149	0
20	1	46	2	72	0	**98**	0	**124**	0	150	2
21	1	47	0	73	3	99	1	**125**	0	151	0
22	2	48	2	74	2	100	2	**126**	0(2)		
23	2	49	3	75	1	101	3	**127**	0		
24	0	50	2	76	3	102	0	**128**	6		
25	0	51	1	77	1	103	0	**129**	0		
26	3	52	2	78	0	104	1	130	4		

出典：今野於以登「参宮道中諸用記」『本荘市史 史料編IV』本荘市，1988，pp. 610-641より作成

と、この数字は草鞋の耐久性を示すものとして理解できます。近世の長距離徒歩旅行に用いられた草鞋は、だいたい四〇km弱で交換の時期を迎える履物だったからです（谷釜尋徳『歩く江戸の旅人たち』）。

表の中で、逗留中以外の徒歩移動日でも草鞋の購入履歴がない日が頻繁に見られるのは、こうした草鞋の耐久性を反映した傾向です。於以登の一日平均の歩行距離は二五・四kmですから、必ずしも毎日草鞋を交換しなくても事足りたのでしょう。

▽草鞋を買う時、捨てる時

ところで、於以登は合計で八〇回分、一六四足に及ぶ草鞋をいったいどこで買ったのでしょうか。草鞋は宿場でも売っていましたが、街道筋の茶屋で飲食物と一緒に販売されていたり、街道の至る所で旅人向けの草鞋の訪問販売も行われていました。そのため、旅人は必要なタイミングで草鞋を購入できたので、急に草鞋が破損して歩けなくなり、途方に暮れるような心配はほとんどなかったのです。こうした街道事情が、於以登の徒歩旅行を支えていました。

使い古した草鞋は、宿場の隅っこに設けられた草鞋専用の集積所に捨てました。**図4-6**は『江戸名所図会』の境木（現在の神奈川県横浜市）という立場を描いた絵画を拡大したものです。左側の木の下に大量の草鞋が山積みで捨てられています。右側の店舗には草鞋が吊り下げられていて、ここで新たな草鞋を購入することもできました。

ちなみに、捨てられた草鞋は、近隣の農家が持ち帰って一度解体し、新しい草鞋を編み上げる材料に使いました。旅の流行により草鞋の消費需要が高まったことを受けて、草鞋にまつわるリサイクルの仕組みが確立されていたのです。

図 4-6 『江戸名所図会』に描かれた草鞋の捨て場と販売所
出典：斎藤月岑編『江戸名所図会 巻之二』須原屋茂兵衛，1834（国立国会図書館デジタルコレクション）

6 旅費の両替と出金

▽旅費はどうやって持ち歩いたのか

女性が安全に旅することができた理由の一つは、貨幣制度の発達にありました。近世には金・銀・銭の三貨が流通していましたが、旅行中に使う金額は銭（文）の単位で十分でした。かといって、総額を銭貨で持ち運ぶと相当な重量になります。銭一文の重さはおよそ三・七五gです。例えば、今野於以登の旅費の総額は三〇両四〇五四文（一九三〇五四文）でしたが、この金額をすべて銭単位に換算すると総重量七二三・九kgとなり、常人には持ち上げること自体が不可能です。一日の旅費の平均額（一二七九文）で見ても、四・八kgの重さになります。これだけの重量の貨幣を携帯して長距離を歩くことは到底できません。荷物持ちの人足を雇うにしても、中身が現金では盗難の危険が増すばかりです。

街道の宿場には両替所があり、所により旅籠や茶屋でも両替を請け負っていました。そのため、旅人は旅費の持ち運びには貨幣価値の高い金貨や銀貨を用いて軽量化を図り、必要に応じて銭貨に両替しながら旅を続けました。

　今野於以登の旅の時期に近い万延元（一八六〇）年から通用が開始された万延小判は一両の価値を持ちますが、その重さは一枚三・三二gです。この金貨で於以登の旅費総額の約三〇両を持ち運ぶなら、わずか九九・六gで済みます。安政小判（一八五九年より通用開始）は重さが一枚につき八・九八gでしたが、それでも三〇両分で二六九・四gです。比較的重たい部類に入る文政小判（一八一九年より通用開始）も一枚の重さは一三・一一gなので、三〇両だと三九三・三gになります。この程度の重さなら、女性が肌身離さず持ち歩くことも十分に可能でした。

　ちなみに、一両小判よりも安価な金貨に「一分金」（一両の四分の一の価値）が鋳造されていましたが、当時の貨幣は重さと価値がほぼ比例していたので、一分金で現金を持ち運ぶ際の重量も小判と大差はありません（表4-5）。

表4-5 貨幣の重さの一覧

貨幣の種類	通用開始	1枚の重さ	1貫文	1分（1両の1/4）	1両	10両	20両	30両
文政小判	1819年	13.11g	—	—	13.11g	131.1g	262.2g	393.3g
文政1分金		3.26g	—	3.26g	13.04g	130.4g	260.8g	391.2g
安政小判	1859年	8.98g	—	—	8.98g	89.8g	179.6g	269.4g
安政1分金		2.24g	—	2.24g	8.96g	89.6g	179.2g	268.8g
万延小判	1860年	3.32g	—	—	3.32g	33.2g	66.4g	99.6g
万延1分金		0.83g	—	0.83g	3.32g	33.2g	66.4g	99.6g
1文銭	—	3.75g	3.75kg	—	23.62kg	236.25kg	472.5kg	708.75kg

出典：吉川潤「一分金と小判の重量測定」『阡陵 関西大学博物館彙報』55号，2007，p. 6-7より作成

『藤岡屋日記』には、天保五（一八三四）年三月一五日に多摩郡喜多見村（現在の東京都世田谷区）の街道沿いにある髪結床のトイレ前で発生した殺人事件の模様が記されています。現場検証によると、被害者は年の頃三五〜三六歳の男性の旅人で、所持金は六五両と一八五文でした。その内訳は小判が六〇両、一分金が五両、銭が一八五文だったそうです。この旅人が、旅費の大半を金の貨幣で持ち歩き、必要な分を銭単位にくずしていたことがうかがえます。

於以登の『参宮道中諸用記』には、道中で頻繁に両替をした様子が記録されています。両替の回数は七〇回を超え、二日に一回に届くペースです。両替には手数料がかかりました。一回の手数料は少額でしたが、両替を繰り返すうちに支出は積み重なり、最終的には両替手数料だけで合計一三四一文を使っています。

両替の制度が全国的に普及したことで、女性の旅人も重たい現金を持ち運ぶことなく、軽装で連日の長距離歩行に臨むことができたのです。

図4-7『人倫訓蒙図彙』に描かれた両替屋

出典：蒔絵師源三郎『人倫訓蒙図彙 四巻』平楽寺，1690，9丁（国立国会図書館デジタルコレクション）

図4－7は元禄三（一六九〇）年に上方で出版された『人倫訓蒙図彙』の挿絵の一枚です。貨幣の重さを測り、真剣な眼差しで交換率を吟味する「両替屋」の姿が描かれています。

▽為替による送金と出金

重量が軽いからといって、大金を持ち歩く危険性はなおも付きまといますが、その不安を解消する貨幣制度も準備されていました。近世には、遠方から金銭を送金するシステムがあったからです。

送金には為替のシステムが用いられましたが、金銭を受領するためには「印板」が必要でした。『旅行用心集』には、旅の必需品として「印板」が挙げられています。同書の説明書きを読むと、印板は印鑑証明のようなもので、これを使って金銭を受取っていたようです。

為替を利用すれば、旅費の総額を現金で持ち歩かなくても、国元から必要な額を後から送ってもらうことができました。息子の清河八郎とともに日本周遊の旅をした亀代は、江戸滞在中に実家の三井家から一〇両もの送金を受けています（『西遊草』）。女性の旅人にとって、為替の利用は多額の現金を持ち歩く危険性を回避できるという大きなメリットがありました。

葛飾郡亀戸村（現在の東京都江東区）の牧野き代は、文化六（一八〇九）年に夫の勘四郎とともに伊勢参宮の旅をしました。勘四郎は地主経営者で経済的な余裕もあったため、途中、為替を利用して旅費を金貨で出金しつつ、銭に両替して旅を続けています。旅日記の記述を読む限り、残金が減ってきた頃合いを見計らって適した金額を引き出していたようです（『道中記』）。おそらく、出発前に両替屋で現金を手形に変えておき、旅先で為替を用いて出金したのでしょう。

勘四郎の出金と両替の記録は、「まりこ　出金壱分　此セに（銭）壱貫六百八十八文」「浜松　出金壱分也　此壱貫七百六十四文」「新井　出金壱分也　此壱貫七百七十弐文」などと記され、同じ一分金でも地域によって銭単位への換金レートは異なっていたことがわかります。

両替と為替という貨幣制度は、旅人の持ち物を軽量化し、多額の現金を持ち歩く危険性から遠ざける有効なシステムでした。この画期的なシステムが整っていなければ、女性の旅立ちの機会は著しく減少していたかもしれません。

《本章の参考文献》

磯田道史『武士の家計簿』新潮社、二〇〇三
歌川豊国『東海道名所風景 東海道 荒井』一八六三
歌川広重『木曽海道六拾九次之内 贄川』錦樹堂、一八四二頃
歌川広重『木曽海道六拾九次之内 御嶽』錦樹堂、一八四二頃
喜田川守貞「守貞漫稿 巻之五」宇佐美英機校訂『近世風俗志（守貞謾稿）（一）』岩波書店、一九九六
清河八郎「西遊草 巻の十」小山松勝一郎校注『西遊草』岩波書店、一九九三
栗原柳庵「文政年間漫録」三田村鳶魚編『未刊随筆百種第一巻』中央公論社、一九七六
今野於以登「参宮道中諸用記」『本荘市史 史料編Ⅳ』本荘市、一九八八
斎藤月岑編『江戸名所図会 巻之二』須原屋茂兵衛、一八三四
十返舎一九「東海道中膝栗毛 二編下」麻生磯次校注『東海道中膝栗毛（上）』岩波書店、一九七三
鈴木理平「道中日記帳」『相模原市立図書館古文書室紀要』一一号、相模原市立図書館、一九八八
高橋陽一「近世の定宿講と旅行者――浪花講の事例から――」『郵政博物館研究紀要』八号、二〇一七
田中国三郎「伊勢参宮覚」『伊勢道中記史料』東京都世田谷区教育委員会、一九八四
谷釜尋徳『歩く江戸の旅人たち』晃洋書房、二〇二〇
中村いと「伊勢詣の日記」『江戸期おんな考』三号、桂文庫、一九九二
深井甚三『江戸の宿――三都・街道宿泊事情――』平凡社、二〇〇〇
藤岡屋由蔵「藤岡屋日記 第九巻」鈴木棠三・小池章太郎編『近世庶民生活史料 藤岡屋日記 第一巻』三一書房、一九八七

蒔絵師源三郎『人倫訓蒙図彙　四巻』平楽寺、一六九〇
牧野勘四郎英長「道中記」『江東区資料　牧野家文書二』江東区教育委員会生涯生活課、一九九五
まつや源助編『浪花講定宿帳』幕末期頃
八隅蘆庵『旅行用心集』須原屋茂兵衛伊八、一八一〇
吉川潤「一分金と小判の重量測定」『阡陵　関西大学博物館彙報』五五号、二〇〇七
米屋和吉「道中記」『北上市史　第一二巻　近世一〇』北上市史刊行会、一九八六

第5章

女子旅の楽しみ方

▽今野於以登の買い物事情

由利郡本庄（現在の秋田県由利本荘市）から全国各地をめぐる観光旅行をした今野於以登は、『参宮道中諸用記』に道中の支出の内訳を細かく書き残しました。その中から、購入品をリストアップしたものが**表5－1**です。

於以登が買い求めた品々には、箸、箱、備前焼の徳利《とっくり》などの名産工芸品、真綿、袖

表5-1 今野於以登の買い物履歴

日付	移動区間	購入品
8月30日	鶴岡～大山	善宝寺の御守
閏8月5日	中条～新発田	土産菓子
閏8月9日	弥彦～出雲崎	薬
閏8月15日	善光寺に逗留	血脈《けちみゃく》 血脈 数珠《じゅず》（2）
閏8月23日	富山～高岡	弁当箸
閏8月25日 ～ 閏8月29日	竹橋に逗留	丸薬
9月3日	本吉～大聖寺	仙人丸
9月6日	福井～永平寺	血脈
9月11日	長浜～高宮	脇差の下げ緒
9月12日	高宮～鏡山	赤玉薬
10月1日	船中～金比羅	御守 箱
10月2日	金比羅～丸亀	めりやす編みの生地
10月5日	岡山～片上	備前焼徳利《とっくり》 盃
10月13日	大坂に逗留	箱 真綿 綿袖口 手拭
10月16日	大坂～福町	数珠
10月18日	橋本～高野山	御守 経帷子《きょうかたびら》 御守 御姿
10月19日	高野山～学文路	陀羅尼助《だらにすけ》
10月21日	土田～多武峰	陀羅尼助
10月23日	初瀬～当麻寺	せんきの薬
11月2日	伊勢～六軒茶屋	水難除の御守
11月20日	川崎～江戸	麦がら細工（2）
11月22日	江戸に逗留	本庄藩江戸屋敷用人へ菓子 水引
11月27日	江戸に逗留	亀田藩家老へ菓子

出典：今野於以登「参宮道中諸用記」『本荘市史 史料編Ⅳ』本荘市，1988より作成

口、手拭、帷子《かたびら》などの衣料品も含まれています。それよりも購入頻度が高かったのが、神社仏閣の土産物や、街道の店舗で販売している薬品類でした。寺社では御守、数珠、血脈《けちみゃく》（仏弟子としての縁が結ばれる系図）を何度も購入し、丸薬、仙人丸、赤玉薬、陀羅尼助など各地に伝わる薬を頻繁に買い求めています。

　各地で訪問先に持参するための菓子を購入しているのも、於以登の買い物の特徴です。江戸では贈答用の菓子を複数回に及んで買っていますが、当時の江戸では、観光旅行者の買い物の手助けになるカタログが出回っていました。『江戸買物独案内』は、上下巻と飲食の部の三冊からなり、二六〇〇以上の商店が収録されています。広告掲載を希望する江戸の各店舗から出稿料を取り、支払った金額の分だけスペースを取って載せたそうです。

　図5－1は『江戸買物独案内』のうち菓子の販売店を紹介したページです。江戸には菓子の名店がひしめいていま

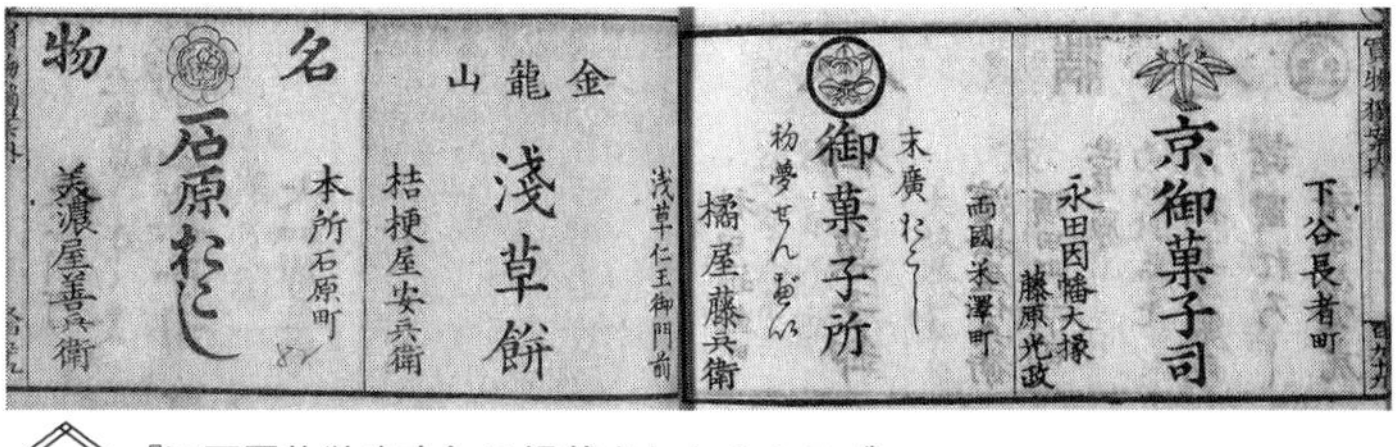

図5-1　『江戸買物独案内』に掲載されたカタログ

出典：中川五郎左衛門 編『江戸買物独案内 上巻』山城屋佐兵衛，1824（国立国会図書館デジタルコレクション）

したが、このページには、下谷の京菓子、両国の末廣おこしと初夢せんべい、浅草の浅草餅、本所の石原おこしなど、名物を売る店舗の広告が掲載されています。

　こうしたカタログを於以登が読んだかどうかは不明ですが、江戸を訪れた旅人が、買いたい商品に効果的にアクセスできる仕組みがあったことは興味深い事実です。

▽米屋お七の買い物事情

　次に紹介するのは、和賀郡黒沢尻新町（現在の岩手県北上市）の農民の妻、米屋お七の買い物事情です。伊勢参宮の旅行中、夫の和吉が書き綴った『道中記』には、道中の出来事とあわせて、物品の購入明細が記されています。**表5－2**を見ると、衣料品を中心に櫛《くし》や簪《かんざし》など装飾品の購入履歴が目立ち、妻のお七が買い求めた土産物が多くを占めているようです。

　仙台、伊勢、奈良、善光寺などの有名な観光地では、煙草入れや紙入れといった定番の土産物、そして櫛、簪、手拭、数珠などの小物もしっかり買い込みました。特に、江戸や大坂の都市部では、食器、箱、煙草入れ、風鈴といった工芸品から、天鵞絨《びろーど》や縮緬《ちりめん》などの織物、さらには帯や半襟などの衣料品にいたるまで、名産品を〝爆買い〟しています。

江戸滞在中のとある一日には、「買ものの出油丁藤岡屋慶太郎ハ江紙調、塩丁近江屋源七ハくし調、大丸ニ而衣類調、両国吉川町近江屋新右衛門ニ而仕立てもの調、此日両国ノあんかけとうふ茶つき」と書かれました。お七たちは、江戸の繁華街で紙、櫛、衣類、仕立物を次々と買い漁った上、両国であんかけ豆腐を食べています。買い物を中心に充実した

表5-2　米屋お七の買い物の内容

日付	移動区間	購入品（数量）
4月5日	石巻に逗留	風呂敷 手拭 女帯 半襟
4月8日	塩釜～仙台	綿 真田紐 饅頭 下駄（1） 手拭（1）
4月12日	白石～福島	合羽
4月25日	江戸に逗留	女帯（1） 女帯（1） 合羽（1） 腰帯（1） 食器(大76, 小10) 女帯 子ども男帯(3) 追箱（1）
5月1日	小田原～厚木	道中記（2）
5月16日	伊勢に逗留	煙草入れ 紙入れ
5月18日	松坂～久居	脇の物
5月21日	笠木～奈良	櫛（1） 脇はさみ 小刀（1）
5月24日	大坂に逗留	煙管（4）
5月25日	大坂～枚方	天鵞絨《びろーど》（3） 半襟（2） 脇帯（2） 縮緬《ちりめん》（3） 煙草入れ（5） 子ども巾着 汗取り（1）
5月28日	大坂に逗留	風呂敷（5）
5月29日	大坂～草津	打ち紐 羽織の紐（2） 京都風鈴 掛け軸（2） 足袋
6月1日	草津～えつ町	帷子《かたびら》（1）
6月6日	落合～引嵐	櫛（1）
6月13日	善光寺に逗留	数珠 櫛 簪《かんざし》
6月20日	新潟～木崎	鼓《つづみ》（1）
6月24日	手の子～赤湯	手拭（2） 腰帯（4）
6月26日	上ノ山～尾花沢	巾着（1）
6月29日	湯沢～越中畑	木綿（1） 手拭（4） 鱒《ます》（2）

出典：米屋和吉「道中記」『北上市史 第十二巻 近世10』北上市史刊行会，1986より作成

一日を過ごしたようです。

江戸での買い物は女子旅の醍醐味でした。安達郡白岩村（現在の福島県本宮市）から女性六名を引き連れて出府した国分ふさも、江戸では「廿八日　諸買物仕候」と記し、買い物のために丸一日を費やしたことがわかります（『岩城水戸江戸日光道中記』）。

今野於以登と米屋お七を比べると、それぞれが買った品物には異なる傾向が見られました。買い物に入れ上げること自体は女子旅に共通する楽しみ方でしたが、旅人の趣味趣向によって、買い物の内容はさまざまだったようです。

近世の街道や観光地には、女性たちの旺盛な購買意欲に応えるだけの充実した土産物のラインナップが揃っていました。

2　中村いとの名所旧跡めぐり

旅日記を読むと、多くの女性たちは旅の道中で積極的に名所旧跡めぐりをしています。近世の観光旅行は、主要な目的地への訪問にとどまらず、目的地間に点在する神社仏閣や景勝地を尋ね歩いて、自身の見聞を広めることを重視していたからです。

旅行者の急増に当て込んで、日本全国のご当地名所や寺社を格付けしたユニークな〝番付〟も登場します。こうして、各地の名所旧跡の情報は世間一般に知れ渡り、旅人が事前に用意周到な旅行計画を立てることを可能にしました。

表5-3は、江戸神田の商家の妻、中村いとの『伊勢詣の日記』から、彼女が八〇日間に及ぶ旅行中に訪れた名所旧跡の情報をピックアップしたものです。いとは、ほぼ毎日のように名所旧跡に立ち寄りました。彼女は旅の全行程で、一日に三〇km平均の距離を歩きましたが、これだけの名所旧跡を訪ねながら、連日の長距離歩行を続けたことに驚きます。以下、中村いとの名所旧跡めぐりを旅程順に追いかけてみましょう。

表5-3 中村いとの名所旧跡めぐり

日付	移動区間	立ち寄った名所旧跡
3月14日	神奈川～藤沢	江の島めぐり、岩本院
3月15日	藤沢～小田原	大磯めぐり、西行庵
3月17日	三島～沼津	三島明神

3月18日	沼津〜府中	富士山の絶景を見物、清見寺、三保の松原、龍華寺（大蘇鉄・大サボテン）、久能山
3月20日	金谷〜見附	中山観世音、夜泣き石
3月22日	新居〜御油	岩屋観世音
3月23日	御油〜池鯉鮒	大樹寺
3月24日	池鯉鮒〜名古屋	熱田神宮
3月25日	名古屋〜桑名	名古屋城、津島神社、樹木寺
3月27日	四日市〜上野	子安観音寺
4月1日	櫛田〜伊勢	二見浦
4月2日	伊勢に逗留	伊勢神宮（内宮）
4月3日	伊勢に逗留	朝熊山金剛證寺（虚空蔵御宮）、鳥羽の七島を見物、伊勢神宮（外宮）、天の岩戸
4月9日	西原〜奈良	山辺神社
4月10日	奈良に滞在	長谷寺、三輪明神、在原寺（業平の古跡・人麿塚）、興福寺五重塔、春日大社（若宮社めぐり）
4月11日	奈良に滞在	東大寺（二月堂・法華堂・大仏殿）、西大寺、法隆寺（宝物・聖徳太子木像・夢殿）、龍田大社
4月12口	奈良〜さこや	當麻寺（當麻曼荼羅・中将姫廿九才像・糸掛け桜・尼の庵）、飛鳥神社、岡寺、高田門跡、多武峰妙薬寺（女人禁制のため女人道をまわって登る）
4月13日	さこや〜吉野	吉水神社（義経の駒つなぎの松・弁慶の力石・後醍醐天皇の木像・義経の弓矢兜など）、蔵王権現
4月14日	吉野〜学文路	村上彦四郎義光の墓、蔵王蔵（役行者の木像）

4月15日	学文路に逗留	高野山（女人禁制につき途中まで登る）、弘法大師御廟
4月17日	岩手～和歌山	和歌山城下、紀三井寺、布引の島、玉津島明神（和歌三人の御社・根上り松）
4月19日	かい原～大坂	信太森葛葉稲荷神社（千枝の楠・千利休作の石灯籠）、安倍晴明神社、浜寺、妙国寺（蘇鉄）、住吉明神、難波屋の松、天下茶屋
4月24日	明石～船路	人丸神社
4月25日	船路～丸亀	金刀比羅宮、善通寺、屛風浦海岸寺、弥谷寺、白峯寺
4月27日	船路～糸碕	糸碕八幡宮、三原城、住吉神社
5月1日	安芸～宮島	平清盛の墓（船中から見物）
5月2日	宮島に滞在	厳島神社、大聖院（愛染明王）、大願寺、滝宮大明神、白糸の滝、岩屋寺、平宗盛建立の白銅釣鐘、本堂千畳敷、廻廊の額百人一首
5月3日	宮島～岩国	錦帯橋
5月5日	三原～鞆	福山城下
5月7日	室～姫路	赤穂城、早崎明神
5月8日	姫路～大久保	曽根の松、生石神社（石の宝殿）、荒井大明神、高砂神社（相生の松）、尾上神社（尾上の鐘）、青銅の亀、浜の宮天満宮、巣ごもりの松、手枕松
5月9日	大久保～いはら	舞子の浜松、平敦盛の墓、須磨寺（青葉の笛、敦盛の木像などの宝物を見物）
5月10日	いはら～大坂	住吉明神、広田大神宮、木船明神
5月12日	大坂に逗留	天満天神、大坂城、阿弥陀池、天王寺、高津宮、幾玉明神

5月14日	京都に逗留	栂尾明神、石清水八幡宮（五輪塔・石清水社の井戸・宝塔院など）、平等院（源頼政の墓・扇の芝・駒繋ぎ松）、橋姫神社、黄檗山万福寺、伏見六地蔵、藤の森神社、東福寺、三十三間堂、広方寺（大仏殿・釣鐘）
5月15日	京都に逗留	紫野大徳寺、金閣寺、平野明神、北野天満宮
5月17日	京都に逗留	熊野神社、吉田神社、真如堂、金戒光明寺（紫雲石・平敦盛の墓・鎧掛けの松）、南禅寺、知恩院、八坂の塔、清水寺、音羽滝、東本願寺、西本願寺
5月18日	京都〜草津	近江八景（高所から遠眼鏡で見物）、石山寺（紫式部が『源氏物語』を書いた硯）、瀬田の唐橋
5月20日	高宮〜赤坂	関ヶ原、白旗山（山下に竹中半兵衛の屋敷あり）
5月21日	赤坂〜いそかへ	大垣城、岐阜城、犬山城
5月22日	いそかへ〜大井	西行法師の墓
5月24日	野尻〜宮ノ越	寝覚の床、小野の滝
5月26日	洗馬〜刈谷原	山本勘介の城跡、松本城下
5月27日	刈谷原〜稲荷山	百体観音像
5月28日	稲荷山〜善光寺	善光寺（開帳・戒壇めぐり）
6月1日	沓掛〜板鼻	熊野権現（仁王像）

出典：中村いと「伊勢詣の日記」『江戸期おんな考』三号、桂文庫、一九九二より作成

▽東海道の名所

江戸を出発した中村いとが、最初に記載した名所見物の足跡は江の島めぐりでした。

「此島へは若かりし時来たりて くはしくおかみ奉りしまゝ 人の行ぬあたりまでも心にうかみていとたのし」と記されたように、いとが江の島を訪れるのはこれがはじめてではなく、若い頃の思い出も蘇って、とても楽しいひと時だったようです。

その後は、大磯の景勝地をめぐり、箱根の峠を越えて三島明神に参詣します。早朝に沼津を発った時には、澄んだ青空で富士山の景色がよく見え、「麓《ふもと》のあたり横雲引渡したる景色 見処多し」と喜びました。

いとは、清見寺、三保の松原、龍華寺の蘇鉄・サボテン、久能山、夜泣き石、熱田神宮など、東海道の名立たる寺社や観光スポットをくまなく見物しました。熱田神宮では、「この御宮居のぎ宝珠は 信長公の御代御造営なりとて その比の年号たしか永禄かと覚しほり付あり」と、織田信長との関係性にも思いを馳せ、いとの歴史好きな側面がうかがえます。

▽いざ、憧れの伊勢へ

熱田を過ぎると、次は名古屋城の見物です。「尾州の御天守閣を見あげるに 是もその御代になれるまゝなりとぞ」と、立派な天守閣を見上げて感慨にふけりました。その後は、津島神社や樹木寺を経て、船で桑名へ移動します。

伊勢参宮道にある白子の子安観音寺には、四季を通じて葉や花が絶えない不断桜という名木がありました。いとは、「ふだん桜あり 立より見るに 返り咲の花のことし三月の末なれは四方の桜は大かたに散行たれと 此花は今咲出たるかことし」と、周囲の桜の花が散っているのに不断桜だけが満開だったと観察し、噂通りの不思議な現象に驚いています。

その後は、津、櫛田を通過して、いよいよ伊勢の地に足を踏み入れました。まず、景勝地として有名な二見浦の観光を済ませ、御師の藤波太夫の屋敷に宿泊します。御師とは、全国各地をめぐって伊勢神宮のご利益を宣伝した宗教者のことで、旅館業を兼ねたツアーコンダクターの役割も担っていました。翌日は、待ちに待った伊勢参宮です。

伊勢神宮（内宮）への参拝を済ませたいとは、「年ころ此御社には詣奉らんとねきこし居たりしに けふはからす時節来りて みづからちかきあたりみめぐるぞありかたき」と綴り、長年の憧れだった伊勢参りを実現した喜びをかみしめました。その夜は御師の屋敷で神楽の奉納に立ち会い、豪勢なフルコースの料理を食べます。

朝熊山では金剛證寺を訪れ、鳥羽の七島の景勝地や天の岩戸の見物にも出掛け、さらには伊勢神宮の外宮にも参詣しました。こうして伊勢界隈を満喫したいとは、奈良方面に向かって再び歩き出します。

▽奈良界隈の名所ラッシュと女人禁制

奈良に到着する直前、いとは「是よりは名所も多ければ　みなみな天気をいのる」と書き、名所旧跡が散らばるエリアを迎えて好天を祈りました。その予告通り、奈良界隈に突入すると、いとが立ち寄る名所旧跡の数は各段に増えていきます。奈良観光の初日は、長谷寺を皮切りに、三輪明神、在原寺、興福寺、春日大社など数々の古社名刹を回りました。

この日、いとは、春日大社の境内で鹿に遭遇しました。「あたりには鹿おひたゝしく出て立めくる　江戸のあたりにては狗《いぬ》なと居たるが如し　人にはよくなつきておそろしからす思ふ」と記し、たくさんの鹿が人間と戯れる物珍しい光景に驚いています。同じ場所を訪れた三井清野も「しか　ほうぼういる」と、鹿があちこちにいると書きました（『道中日記』）。現在も奈良公園で有名な鹿煎餅は、当時からすでに販売されていました。今野於以登は、奈良で「三拾七文　鹿へ　せんべ」と書いていますので、三七文で鹿煎餅を購入して鹿に食べさせたのでしょう（『参宮道中諸用記』）。

図5－2は『大和名所図会』に描かれた春日大社の茶屋で、旅人のもとに近寄る鹿

の姿があります。女性の旅人もいて、いと、清野、於以登が見た光景がイメージできる一枚です。

翌日も、東大寺の大仏、西大寺、法隆寺の宝物、龍田大社など、いとの名所見物のペースはまったく落ちません。その後は、當麻寺、飛鳥神社、岡寺などをめぐって奈良を後にすると、吉野の吉水神社、和歌山の紀三井寺などを訪ね歩きながら旅を進めます。

ところが、この奈良、吉野、和歌山のエリアには、いとの順風満帆な名所旧跡めぐりを妨げる要因が潜んでいました。それは、女人禁制です。

多武峰《とうのみね》の妙薬寺では「塔の峯に行 此処は女人は禁製なれは女人道より山あひ

図5-2 『大和名所図会』に描かれた春日大社境内の茶屋の鹿

出典：秋里籬島編「大和名所図会」『大日本名所図会 第1輯第3編』大日本名所図会刊行会，1919（国立国会図書館デジタルコレクション）

を登り」と記され、ここは女人禁制だったため「女人道」という別ルートの山道を登ったことがわかります。翌日の大峰山も同じく女人禁制でした。「大みね山上とて男子は七里のほりくたりと也　一日留守に居てあらい物なとたのむ」とあるように、男性陣は大峰山に登ったものの、女性のいとたちは終日、暇を持て余して宿屋で洗濯物の手配をして待っていたそうです。

霊験あらたかな高野山も女人禁制でした。いとは「高野山へ罷下る……男子は皆々参詣　女子はうへ廻りとて廿丁ばかり登りて見おろし候へど」と、女性陣は途中までしか登れなかったと書いています。

近世の女性の旅人たちは積極的に名所旧跡を訪ね歩きましたが、女性であったがゆえに立ち入れないエリアがあったことも事実です。

▽金毘羅・宮島めぐり

和歌山を過ぎると、いったん大坂に立ち寄り、信太森《しのだのもり》葛葉《くずのは》稲荷《いなり》神社、安倍晴明神社、住吉明神、難波屋の松などの名所旧跡を訪れます。その後、船で海路を移動し、四国に上陸して丸亀で金毘羅参りを果たすと、善通寺、弥谷寺などの名刹へも参拝しました。

続いて、瀬戸内海を渡って安芸の宮島を目指し、途中、港に停泊しながらいくつかの寺社を訪れます。厳島《いつくしま》神社へ参拝したいとは、「此処 海みはらして景色尤よし 筆にはつくしかたし」と書き、絶景にすっかり心を奪われた様子です。宮島周辺に点在する大聖院、滝宮大明神、白糸の滝をはじめ数々の名所をめぐり、その足で岩国へと移動しました。

岩国に着くと、早速、有名な錦帯橋を渡ります。「錦台《ママ》橋は浅草の観音堂にかけたる額の画図のごとく」と書かれたように、いとは、浅草で錦帯橋を描いた浮世絵を見た経験があったようで、ついに実物との対面を果たしました。

一行は、船で海上を渡って福山に上陸します。福山城下の繁華街で、いとは「楊弓なと射て その所もにきやかし」と記し、娯楽施設で楊弓(小弓を使った的当て)をして遊びました。姫路を中心に多くの名所旧跡が連続するエリアに突入すると、いとはその一つひとつを丁寧に見物して回っていきます。曾根の松、相生の松、巣ごもりの松、手枕松など、松をテーマにした観光名所が豊富なのも、このエリアの特徴です。

▽大坂・京都の都市観光

再び大坂の地を踏んだ一行は、住吉明神、木船明神、天満天神、大坂城、幾玉明神など、最初の大坂訪問では回れなかった名所を訪れます。

京都に到着すると、慌ただしい都市観光がはじまりました。京都には足掛け六日間滞在し、石清水八幡宮、平等院、三十三間堂、金閣寺、北野天満宮、南禅寺、知恩院、清水寺、東西の本願寺をはじめ、数々の由緒ある神社仏閣へ参拝する日々を送ります。

京都を出て、東海道を東に歩きはじめたところで、いとは、またしても女人禁制の憂いを経験します。東海道の大津にある三井寺は、厳格な女人禁制の行場でした。いとは、「三井寺へ参詣せんとて行しに女人は常にて至りかたく……男子はかり行て見しはなしなり」と書いています。三井寺に参詣した男性陣から土産話を聞いたものの、女性の自分は同行できなかったせいでしょうか、どことなく釈然としない様子が伝わってくるようです。

▽善光寺を経て江戸へ帰る

その後、往路と別ルートを選択した一行は、中山道を歩きます。関ヶ原の古戦場や白旗山を訪れ、大垣城、岐阜城、犬山城と、連続して城を見物しました。

現在の長野県のエリアに入ると、寝覚の床、松本城下、百体観音像などを経て、善光寺に辿り着きます。この日、いとたちは、茶屋での休憩中に善光寺で昼の開帳が行われることを聞きつけました。「皆々いそき立て善光寺前藤や平五郎方につき昼飯仕たくして参詣す」と、急いで昼食を平らげて参詣の準備を整えます。何とか昼の開帳に間に合い、戒壇巡りも行いました。善光寺の戒壇巡りとは、暗い回廊を歩き、本尊に繋がる錠前に触れることで極楽往生が約束されるという行事です。

善光寺への参拝後は、碓氷峠の熊野権現に参詣しますが、これを最後にいとの名所見物の記録は途絶えます。江戸からやってきた飛脚から身内の体調不良の一報を受けたため、急いで江戸に帰着する必要があったからです。

ところで、中村いとは江戸の住人なので江戸観光はしていませんが、遠くから江戸にやってきた旅人にとって、出身地の領主の江戸屋敷は欠かせない観光スポットでした。例えば、国分ふさは「夫《それ》より二本松江戸屋敷……」（『岩城水戸江戸日光道中記』）、米屋お七は「御国元 御屋鋪江参り」（『道中記』）、三井清野は「御中やしきより下やしき……」（『道中日記』）などと、おらが町のお殿様の江戸屋敷を訪れています。

3　熱狂と癒しの空間

▽女性たちの芝居見物

近世に旅した女性たちの多くは、都市部への滞在中は芝居見物に情熱を注ぎました。『西遊草』には、清河八郎が母を連れ立って道中で遊び尽くした模様が記されていますが、母の亀代が最も好んだのが芝居見物でした。都市部では必ずといってよいほど観劇に出掛けています。亀代は、大坂では道頓堀などで二日間、名古屋では若宮神社で二日間、江戸では猿若町や両国などで四日間も芝居小屋に通い詰めました。

女性の手によって書かれた旅日記にも、芝居見物に没頭した事実が頻繁に登場します。

廻船業を営む東三河有数の資産家の妻、加藤みゑは、文化八（一八一一）年に京都、大坂、奈良、伊勢をめぐる観光旅行をしましたが、みゑが書いた『道中記万覚記』には、各地で精力的に芝居見物をした様子がうかがえます。京都では「ぎおん、しばいへ行」と記され、祇園で芝居見物を楽しみました。大坂では、「つぢのを見物……きやうげん」という文言から、辻能や狂言芝居を見たことがわかります。その翌日も大坂に滞在し、終日を芝居見物に充てました。帰路の名古屋では、「あやつりけん物はなはだおもしろく」とあり、操り人形を使った芝居を見物し、みゑは大満足したようです。

芝居見物に長い時間を割くのは、女子旅の定番の楽しみ方でした。例えば、国分ふさを中心とする七名の女性たちは、江戸滞在中に「廿二日　狂言芝居見物仕候」と、一日中、芝居見物を楽しんでいます（『岩城水戸江戸日光道中記』）。

図5－3は、戯作者の式亭三馬の『客者評判記』に添えられたイラストです。江戸の芝居小屋で歌舞伎を見物する人びとの姿が描かれています。ふさたちも、こうした賑やかな芝居小屋で、観劇に熱狂したことでしょう。

中村いとの『伊勢詣の日記』にも、芝居見物の記録があります。いとが旅先で最初に芝居見物をしたのは名古

図5-3 『客者評判記』に見る歌舞伎の観劇の様子
出典：式亭三馬『客者評判記』鶴屋金助，1811（国立国会図書館デジタルコレクション）

屋でした。いとは「名護屋の芝居見むと 若き人とさはぎたちて見に行ぬ」と記し、若者たちに混じって熱狂的な芝居見物を楽しんだ様子が伝わってきます。

大坂でも芝居を見物する機会がありました。「昼のうちは角の芝居見物にとすゝめられて桟敷《さじき》かかり 皆々行 芝翫《しかん》が名残狂言なりとて繁盛せり」とあります。「角の芝居」とは、道頓堀の角座のことだと思われますが、いとたちは桟敷席に陣取り、大繁盛の狂言を見物したようです。大坂では、別の日にも芝居見物に訪れました。いとが「人形芝居見物に行 浄瑠理は当時の上手巴大夫なり」と書いたように、人形浄瑠璃の人気演目を見たようです。

いとは、京都の四条でも芝居を見物しています。観劇を終えると、「江戸にて見る芝居より もの事かはりて いとめつらしくおほゆ」と書き綴り、江戸と上方の芝居の違いを実感しました。芝居という娯楽を通して、東西の文化的な違いを知る貴重な経験を積んだようです。

前述したように、いとは数多くの名所旧跡を訪ね歩きましたが、それに加えて芝居見物にも並々ならぬ情熱を注いだことがわかります。いとに限らず、これは多くの女子旅に共通する行動パターンでした。近世に旅した女性たちは、バイタリティ溢れる人びとばかりだったのでしょう。

ところで、初代英国公使のラザフォード・オールコックは、文久元（一八六一）年に日本各地をめぐる旅行を実施し、大坂では芝居見物を楽しんでいます。オールコックが訪れた劇場は、中村いとと同じ道頓堀の角座でした（佐野真由子『オールコックの江戸』）。日本の芝居を初体験したオールコックは、『大君の都』という見聞録の中で次のように書いています。

「率直にいうと、劇場でいちばんよかったのは観客だったように思える。かれらはすべて中流かそれ以下の階級の人びとで、一日を過ごすために家族づれや団体できたらしく、漆塗りの箱に昼食をいれ、昼食に必要なものをすべてたずさえてきていた。……だれもみなくつろいで楽しんでいるようだった。」

オールコックが注目したのは、役者の演技よりも観客たちの振る舞いだったようです。西洋という異文化世界からやってきた彼は、芝居小屋で長時間を過ごす観客たちの様子を客観的な眼差しで描写しました。芝居見物に熱狂する女性の旅人たちの姿と重ね合わせることができそうです。

▽伊勢音頭にハマる女性たち

　伊勢を訪れた多くの旅人が見物したのが、古市の伊勢音頭です。古市は伊勢で一番の歓楽街で、遊女たちが踊る伊勢音頭は観光旅行者の集客を見込んだ名物になっていました。**図５－４**は、『伊勢参宮名所図会』に掲載された古市の伊勢音頭を描いた挿絵です。遊郭の訪問客たちが、酒を飲みながら伊勢音頭の観覧を楽しんでいます。

　伊勢音頭は、古市の遊郭の座敷で披露されていましたが、女性の旅人たちも堂々と遊女屋に上がって踊りを見物しました。旅日記を読む限りでは、牧野き代、三井清

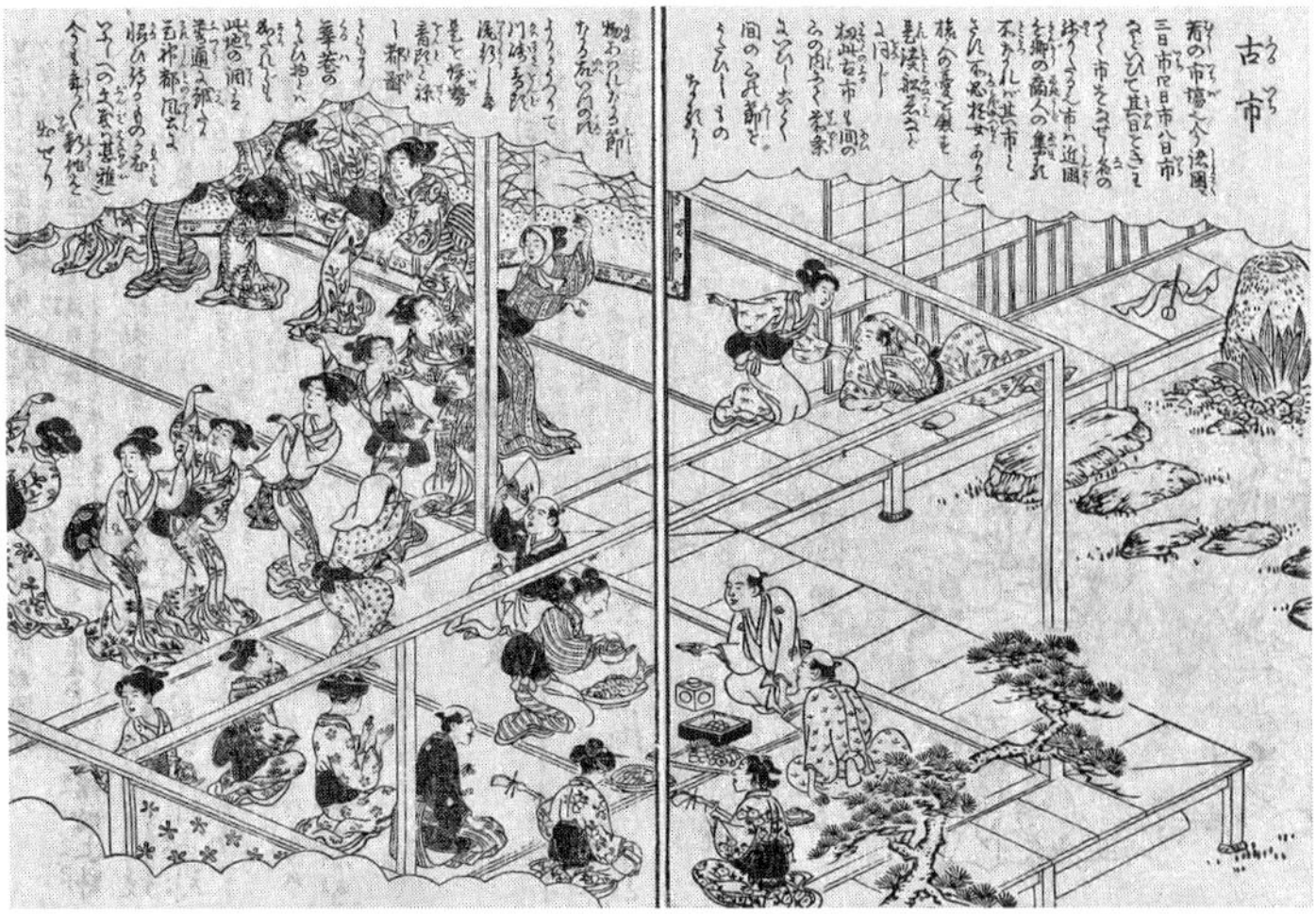

図５-４　『伊勢参宮名所図会』に描かれた古市の伊勢音頭

出典：蔀関月編『伊勢参宮名所図会 巻之四』塩屋忠兵衛，1797（国立国会図書館デジタルコレクション）

野、中村いと、斎藤亀代をはじめ、数々の女性たちが伊勢音頭を楽しんだ形跡があります。

その中でも、すっかり伊勢音頭にハマり、連日のように古市に通い詰めた女性が中村いとです。伊勢に到着した翌日は、「夕かた皆々つどひ出て ふる市備前屋といふへおどり見にとて行にともなはれて興しあへり」と記し、備前屋という遊郭で伊勢音頭を見物します。その翌日も、日中は朝熊山まで名所見物に訪れますが、「藤波にてしたく直して かしわやへおとり見に行」と書いたように、いったん宿泊先の藤波太夫の屋敷に戻って身支度を整えてから、夜はいそいそと古市に出掛けました。この日は、柏屋という別の遊郭で伊勢音頭を見たようです。あくる日は、さすがに伊勢音頭は見に行かなかったようですが、「けふは ふる市の芝居見むとて行」と、やはり古市に繰り出して芝居見物を楽しんでいます。

清河八郎も、伊勢音頭を見物した旅人の一人です。母の亀代を連れ立って古市の油屋という老舗の遊郭に入ると、「座敷など美事なり。」と記し、美麗な店構えに感激します。実際に伊勢音頭を見物した八郎は、「遊観にいたるものは、必らず見るべきをもしろき踊り、三都とも見られぬ奇妙の見物なり。」という感想を綴りました。伊勢音頭には、江戸、京都、大坂の三都では見ることのできない必見の魅力があると高く評価しています（『西遊草』）。

中村いとは、伊勢音頭を見た感想を「世に云伊勢をんどのおどりは、あくまで見たり、よききりやうなる子供女子も多し 若き男のうつゝぬかすことはりと云へし 女子にて見てはいとおかし」と書きました。伊勢音頭を飽きるほど見物した経験から、男性がうつつを抜かすのも納得の器量の良い遊女たちばかりで、女性目線から見ても素晴らしいパフォーマンスだったと大絶賛しています。伊勢音頭には、男性だけではなく、女性たちもハマるほどの魅力があったようです。

▽温泉という癒しスポット

温泉が旅人の疲れた身体と心を癒すスポットだったことは、今も昔も変わりません。近世の女性の旅人たちも、各地で温泉に浸かりました。

清河八郎と母の亀代は、有馬温泉に立ち寄っています。八郎は、「湯壺は一の湯、二の湯、二ツあり。湯の色常々濁りて、巾を入ると赤く染るなり。黄金の湯といふ。」と描写しました（『西遊草』）。母の亀代も、この黄金の湯につかり、長距離歩行で疲れた心身を癒したことでしょう。

中村いとは、帰路の中山道を歩く途中で浅間温泉に入湯しました。『伊勢詣の日記』

に「浅間の温泉に浴し休らひ　かり原峠越をして泊る」と記されているように、いとは温泉で一時的に休憩した後、再び歩き出して峠越えをしたようです。

図5－5は、『紀伊国名所図会』に描かれた龍神温泉です。多くの利用客が湯壺に浸かる姿があります。男女が一緒の湯に入っていますが、龍神温泉に限らず、当時の温泉地は混浴が多く見られたそうです。

かといって、全員が混浴利用をしたわけではありません。当時は、他の湯治客と一緒に湯に浸かりたくない場合は、特別に幕で湯壺の入口などを仕切る「幕湯」の利用が許され

図5-5 『紀伊国名所図会』に描かれた龍神温泉

出典：加納諸平・神野易興『紀伊国名所図会 後編五之巻』平井五狞堂，1851（国立国会図書館デジタルコレクション）

ていました（深井甚三『江戸の宿』）。

実際に、幕湯を利用した旅人の記録も残されています。日向延岡藩主の内藤政順の妻、充真院は、文久二（一八六二）年に江戸から延岡に下った際、箱根で人生初の温泉を体験しました。箱根の福住という老舗旅館で湯浴みをした充真院は、「湯ぶねにして前にまく張てあり」と書き、湯船が幕で仕切られていた情景を表現しています（柴桂子『近世の女旅日記事典』）。

『旅行用心集』には、「上ハ王侯より下庶人に至迄 湯治すること今に盛也」という記述があります。同書は文化七（一八一〇）年の刊行ですが、この頃には、将軍・大名から一般庶民にいたるまで、湯治がさまざまな階層を巻き込んだ一大ブームになっていたのです。その証拠に、『旅行用心集』には、なんと二九二ヵ所に及ぶ温泉地が紹介されています（**図5－6**は有馬温泉を描いた挿絵）。

図5-6 『旅行用心集』に描かれた有馬温泉の情景

出典：八隅蘆庵『旅行用心集』須原屋茂兵衛伊八，1810（筆者所蔵）

女性たちが旅の途中で温泉に立ち寄ったことには、こうした温泉ブームという社会全体の動向も影響していたようです。

《本章の参考文献》

秋里籬島編「大和名所図会」『大日本名所図会 第一輯第三編』大日本名所図会刊行会、一九一九
オールコック「大君の都」山口光朔訳『大君の都 幕末日本滞在記（中）』岩波書店、一九六二
加納諸平・神野易興『紀伊国名所図会 後編五之巻』平井五牸堂、一八五一
清河八郎「西遊草 巻の三・七」小山松勝一郎校注『西遊草』岩波書店、一九九三
国分ふさ「岩城水戸江戸日光道中記」『白沢村史 資料編 原始・古代 中世 近世 近代』白沢村、一九九一
今野於以登「参宮道中諸用記」『本荘市史 史料編Ⅳ』本荘市、一九八八
佐野真由子『オールコックの江戸――初代英国公使が見た幕末日本――』中央公論新社、二〇〇三
式亭三馬『客者評判記』鶴屋金助、一八一一
蔀関月編『伊勢参宮名所図会 巻之四』塩屋忠兵衛、一七九七
柴桂子『近世の女旅日記事典』東京堂出版、二〇〇五
中川五郎左衛門編『江戸買物独案内 上巻』山城屋佐兵衛、一八二四
中村いと「伊勢詣の日記」『江戸期おんな考』三号、桂文庫、一九九二
深井甚三『江戸の宿――三都・街道宿泊事情――』平凡社、二〇〇〇

三井清野「道中日記」『きよのさんと歩く江戸六百里』バジリコ、二〇〇六
八隅蘆庵『旅行用心集』須原屋茂兵衛伊八、一八一〇
米屋和吉「道中記」『北上市史　第一二巻　近世一〇』北上市史刊行会、一九八六

第6章

女性たちの旅グルメ

『旅行用心集』に記された旅の心得の中には、「空腹なるとて道中にて飽食すべからず」という戒めがあります。旅に出ると、ついつい食べ過ぎてしまうのは、今も昔も変わらなかったようです。そのくらい、近世の街道筋には旅グルメが溢れていました。生ものを腐らせずに故郷まで持ち帰る保存方法や交通手段がない時代、名物とは現地に足を運ばなければ食べられない希少価値を持っていたのです。

旅する女性たちも、各地の名物料理やスイーツ、時には懐石料理の豪華なフルコースまで、道中のグルメを存分に楽しみました。本章では、女性たちが食べ歩いた魅力的な旅グルメの世界をのぞいてみましょう。

１　旅行ガイドブックに記されたグルメ情報

近世には、旅の流行に当て込んだガイドブックが数多く出版されています。ガイドブックの種類はさまざまでしたが、読者の関心を引くために、街道のどの宿場でどのような名物が食べられるのかを紹介した書物が多く見られました。ここでは、数種類の旅行ガイドブックを取り上げて、その中に盛り込まれたグルメ情報を抽出してみましょう。

▽道中記

近世の旅行ガイドブックはかなり幅広いジャンルですが、その中でも、街道筋の宿場、名所旧跡、里程などの詳しい道路事情を中心に掲載したものを「道中記」と呼びました。

弘化五（一八四八）年刊行の『旅鏡』には、東海道と中山道の街道事情が詳しく解説され、各地の名物の記録も充実しています。『旅鏡』に記されたグルメ情報をまとめたものが**表6－1**です。それぞれの宿場で食べられる名物

図6-1 『旅鏡』の表紙
出典：紫山加治編『旅鏡』奎文房和泉屋半兵衛，1848（国立国会図書館デジタルコレクション）

表6-1　『旅鏡』で紹介された道中の名物

東海道		中山道	
宿場	名物	宿場	名物
小田原	鰹のたたき，梅漬け	蕨	焼き米
箱根	山椒魚，鱒	奈良井	ぶどう
原	鰻	藪原	そば切
吉原	栗の粉餅，富士の芝海苔	上松	そば切
由比	鮎，鮑，サザエ	太田	枝柿
江尻	寿司	醒ヶ井	醒ヶ井餅，小鮎
府中	餅	愛知川	一涙茶
鞠子	とろろ汁，十団子	守山	姥ヶ餅
藤枝	染飯		
金谷	菜飯，田楽，飴，餅		
袋井	うどん，そば切り		
新居	鰻		
吉田	甘酒		
岡崎	蕎麦		
知立	鳥吸い物，田楽，鰹		
桑名	白魚，焼き蛤		
四日市	饅頭，日永餅		
関	野老鱠		
坂の下	飴		
土山	田村川（酒），いもかけ豆腐，甘酒，焼き鳥		
水口	心太		
石部	田楽		
草津	姥が餅，源五郎鮒，瀬田蜆		
大津	餅		

出典：紫山加治編『旅鏡』奎文房和泉屋半兵衛，1848（国立国会図書館デジタルコレクション）より作成

が掲載されていますが、一つだけではなく、三つないし四つの名物が紹介された宿場もあり、特に東海道にはたくさんの旅グルメが存在したことが一目瞭然です。

グルメ情報を余すところなく記したこの手の道中記は、旅人の強い味方になったことでしょう。

▽名所図会

近世には、「名所図会」という地誌風の読み物が相次いで刊行されました。名所図会は、主題となるエリアが設定され、それにまつわる各地の名所旧跡や景勝地の来歴、交通情報などが風景画を添えて詳しく紹介された書物です。

なかでも、京都三条大橋から江戸日本

表6-2 『東海道名所図会』で紹介された東海道の名物

宿場	名物
大森	浅草海苔
小田原	外郎（丸薬）
西倉沢	サザエ，アワビ
瀬戸	染飯
石打	椎茸
阿波手	漬物
桑名	名物
東富田，小向	焼き蛤
梅木	和中散（粉薬）
目川	菜飯田楽
草津	姥ヶ餅
走井	湧水，餅
祇園	香煎

出典：秋里籬島編『東海道名所図会 巻之一〜六』小林新兵衛，1797（国立国会図書館デジタルコレクション）より作成

橋までの東海道の情報を扱ったものが『東海道名所図会』です。この本は、東海道のグルメ情報が満載で、名物を食べる女性の姿が描かれている場合も少なくありません。**図6-2**は、逢坂の関の近くにあった走井（現在の滋賀県大津市）の茶屋のイラストで、名物の湧水と餅を売る様子が描かれています。店内には、巡礼姿の女性たちが休憩する姿があり、左側には溢れ出る湧水が、右側には餅の販売ブースが確認できます。

『東海道名所図会』以外にも、東海道の名物を紹介した名所図会がありました。『伊勢参宮名所図会』には、東海道の石部宿と水口宿の間にある「夏見の里」という集落の茶屋が描かれています（**図6-3**）。茶屋の前では、満開の藤棚の下で旅人が休憩しています。

　夏見の里のご当地名物は

図6-2　『東海道名所図会』に描かれた走井

出典：秋里籬島編『東海道名所図会 巻之一』小林新兵衛，1797（国立国会図書館デジタルコレクション）

心太《ところてん》でした。右側の男性店員の手元には、専用の筒から出てくる心太が描かれています。店先に腰掛けた女性の旅人たちは、注文した心太が出来上がるのを待っているようです。店の正面にもお伴を連れた二人の女性が通りかかり、右側の女性は心太を指差しています。この茶屋で名物を食べて行こうかと作戦会議を開いているのでしょうか。

このように、名所図会は宿場の宣伝も兼ねた書物でした。名所図会を手にすることで、在地にいながらにして旅の追体験も可能だったことでしょう。また、旅行中に名所図会を買って、有効活用した旅人もいました。『西遊草』の旅では、京都滞在中に『都名所図会』を購入して、京都観光に役立てています。

各種の名所図会が、旅人の情報収集に一役買ったことは言うまでもありません。

図6-3 『伊勢参宮名所図会』に描かれた夏見の里の茶屋

出典：蔀関月編『伊勢参宮名所図会 巻之二』塩屋忠兵衛, 1797（国立国会図書館デジタルコレクション）

▽道中双六

近世には、絵入りの双六である「絵双六」が庶民の遊び道具として流行しました。特に、主要街道をモデルに各宿場の名所や名物を描き込み、回り双六の方法で遊ぶ「道中双六」は、紙上で旅の楽しみが味わえることから人気を集めます。

図6－4は、安永四（一七七五）年に刊行された『新版道中名所双六』で、江戸～京都間を結ぶ東海道がモデルの道中双六でした。「振り出し」が江戸の日本橋で「上り」が京都に設定されています。宿場がコマになっていて、それぞれの宿場を象徴する事物がイラスト付きで描かれています。拡大したコマは、街道沿いの名物として取り上げられた日坂宿のわらび餅、桑名宿の焼き蛤です。

嘉永五（一八五二）年には、同様の道中双六として『東海道遊歴双六』が刊行されています。その中で紹介された事柄のうち、名物を抜き出してまとめたものが**表6－3**です。東海道五十三次のうち、二三の宿場で食の名物が挙げられています。

道中双六の内容は、人びとの関心事を反映して制作されていたはずですから、やはり道中のグルメは、旅の醍醐味として捉えられていたのでしょう。

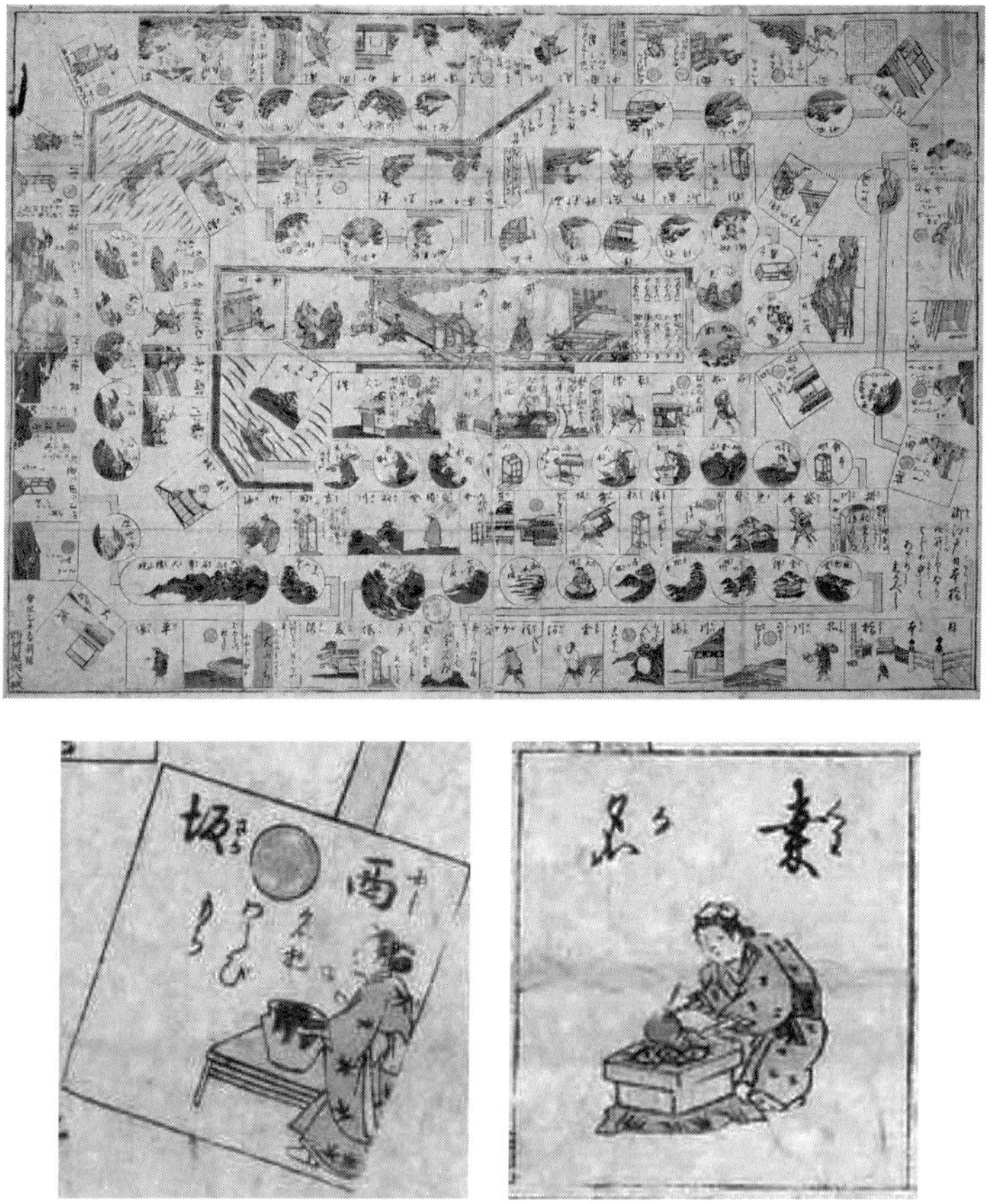

図6-4 『新版道中名所双六』に描かれた東海道の名物（下は拡大図）
出典：『新版道中名所双六』西村屋与八，1775（国立国会図書館デジタルコレクション）

表6-3 『東海道遊歴双六』で紹介された東海道の名物

宿場	名物
品川	海苔
神奈川	亀の甲煎餅
程ヶ谷	牡丹餅
藤沢	砂糖漬け
小田原	梅干し，イカのわた
沼津	鰹節
原（柏原）	蒲焼
吉原	フグの白酒
由比（倉沢）	サザエの壺焼き
江尻	小吉田すし
鞠子	とろろ汁
岡部	十団子
日坂	わらび餅
見附	蒲焼
白須賀	柏餅
岡崎	奈良茶，淡雪豆腐
宮	尾張大根
桑名	焼き蛤
庄野	焼米俵入
土山	名酒田村川
水口	伊勢かんぴょう
石部	菜飯田楽
草津	姥ヶ餅

出典：歌川広重『東海道遊歴双六』恵比寿屋庄七，1852（早稲田大学図書館古典籍総合データベース）より作成

2　茶屋のグルメ

旅行ガイドブックで紹介されたような道中の名物は、街道筋の茶屋で食べることができました。万治四（一六六一）年頃に成立した仮名草子『東海道名所記』には、「旅屋の遠き所にハ、店屋の餅、団子、茶屋の焼餅。其外在所により、家によりて、国の名物、酒、さかな、煮売焼売、色々あり」と記されています。すでに一七世紀中頃には、名物をはじめ簡単な食べ物や酒類を旅人に提供する茶屋が、街道のあちこちに店を構えていたようです。以下では、二人の女性の体験談を中心に、女子旅の茶屋グルメの様子を見ていきましょう。

▽イザベラ・バードの茶屋体験

明治一一（一八七八）年に来日したイギリス人女性旅行家のイザベラ・バードは、東京から春日部までの道中で体験した茶屋の客観的な印象を『日本の未踏の地』という見聞録の中に書き残しています。

バードが旅した明治初年の日本の街道は、まだ近世の名残をとどめていました。奥州街道を人力車に乗って移動した彼女は、「どの家も前が開けてあるから、住んでいる人の職業、家庭生活が実際すっかりまる見えであった。これらの家の大半は路傍の茶屋で、売っているのはたいていお菓子、干魚、漬物、餅、干柿、雨笠、人馬の草鞋であった。」と書きました。バードが見た茶屋とは、簡単な飲食物を提供し、笠や草鞋も販売する店舗だったようです。

バードの鋭い観察眼は、より詳細な描写に及びました。茶屋の軒下には、人びとが休憩するための「黒ずんだ木の長い腰掛け」が置かれ、店内には地面から一八インチ(約四五cm)の高さの畳敷きの部屋があり、「中央には、土間と呼ばれる引っこんだ場所がある。」と日本家屋の特徴を表現しています。

図6-5は、バードの見聞録に添えられた茶屋の外観のイラストです。

茶屋には、煙管で煙草を吸うことができるサービスもありました。バードは、「私が一本の煙管に手を出したら、一人の少女が煙草盆をもってきてくれた。煙草盆は木か漆の四角の盆で、陶器か竹製の炭入れ灰入れが上についている。」と記し、日本ならではの喫煙具の一式(煙草盆)を見ています。**図6-6**は『東海道名所図会』の中で関宿の旅籠を描いた一枚ですが、女中が左手で持ち運んでいるのが煙草盆です。ちなみに、近世には女性の喫煙は珍しいものではなく、女性用のお洒落な喫煙具もファッションとして流行したそうです（谷田有史「ファッションとしての喫煙」）。茶屋で休憩した女性の旅人たちの中にも、バードが見たような道具を使って喫煙を楽しんだ人びとは多くいたことでしょう。

茶屋で休憩しながら日本茶を飲んだバードは、「浸液は透明の淡黄色液体で、すばらしくいい香りがする。いつ飲んでも、気持ちよくさわやかである。」と評価しました。

バードを乗せた人力車の車夫たちも、茶屋で一緒に休憩していました。昼食を取る車夫を見たバードは、「私たちが路傍の茶屋で休んでいる間に、車夫たちは

図6-5 千住宿付近の茶屋

出典：バード「日本の未踏の地」高梨健吉訳『日本奥地紀行』平凡社，2000

図6-6 『東海道名所図会』に描かれた関の旅籠

出典：秋里籬島編『東海道名所図会 巻之二』小林新兵衛，1797（国立国会図書館デジタルコレクション）

足を洗い、口をゆすぎ、御飯、漬物、塩魚、そして『ぞっとするほどいやなもののスープ』〔味噌汁―訳者注〕の食事をとった。」と描写します。休憩しながらも、車夫たちの動向をじっと観察していたのでしょう。バードにとって、日本の味噌汁は「ぞっとするほどいやなもの」に見えたそうです。

このように、バードは日英の文化的な違いに若干の戸惑いを覚えながらも、かなり正確に茶屋の様子を捉えています。異文化世界からやってきた英国人女性の客観的な見聞録は、近世的な茶屋の姿を知るうえでとても参考になります。

▽三井清野のグルメ道中

文化一四（一八一七）年、羽州鶴岡（現在の山形県鶴岡市）の商家の妻、三井清野は、お伴の男性二人を連れ立って伊勢参宮の旅に出ました。清野は『道中日記』という旅日記を書きましたが、筆まめな清野は、行く先々で食べた名物の数々を事細かに記録しています。

『道中日記』をもとに、清野が歩いたルートを地図化して、彼女が食べたグルメ情報を**図6-7**に示しました。基本的に、朝晩は宿屋で食事を取りますので、ここに掲載したのは清野が日中に茶屋などで食べた品々です。三ヵ月あまりの旅行中、清野は

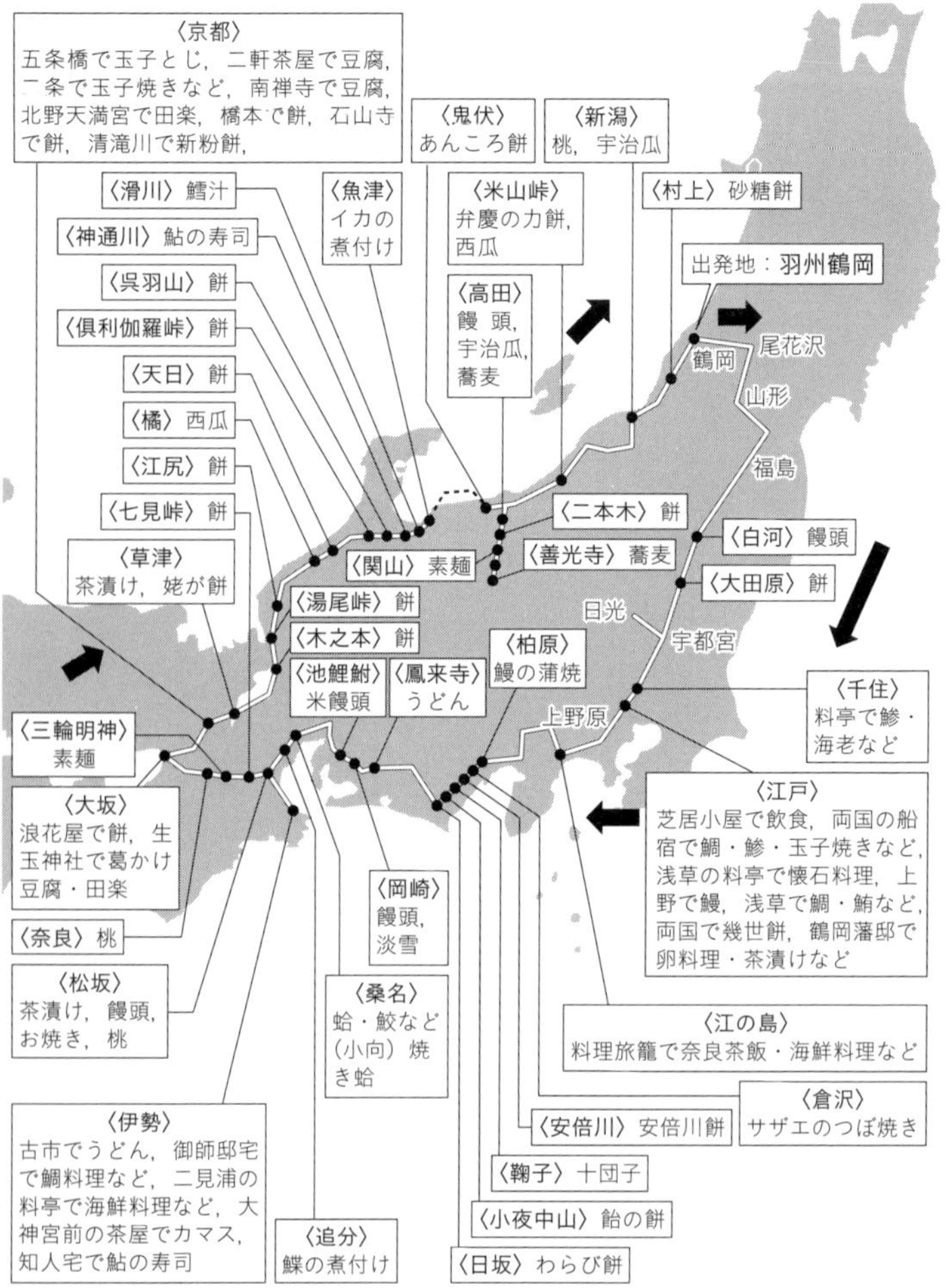
〈京都〉
五条橋で玉子とじ，二軒茶屋で豆腐，二条で玉子焼きなど，南禅寺で豆腐，北野天満宮で田楽，橋本で餅，石山寺で餅，清滝川で新粉餅，
〈鬼伏〉あんころ餅
〈新潟〉桃，宇治瓜
〈滑川〉鱈汁
〈魚津〉イカの煮付け
〈米山峠〉弁慶の力餅，西瓜
〈村上〉砂糖餅
〈神通川〉鮎の寿司
出発地：羽州鶴岡
〈呉羽山〉餅
〈高田〉饅頭，宇治瓜，蕎麦
〈倶利伽羅峠〉餅
尾花沢
鶴岡
〈天日〉餅
山形
〈橘〉西瓜
福島
〈江尻〉餅
〈七見峠〉餅
〈二本木〉餅
〈白河〉饅頭
〈草津〉茶漬け，姥が餅
〈関山〉素麺
〈善光寺〉蕎麦
〈大田原〉餅
〈湯尾峠〉餅
日光
〈木之本〉餅
宇都宮
〈柏原〉鰻の蒲焼
〈池鯉鮒〉米饅頭
〈鳳来寺〉うどん
〈千住〉料亭で鯵・海老など
〈三輪明神〉素麺
上野原
〈大坂〉浪花屋で餅，生玉神社で葛かけ豆腐・田楽
〈江戸〉芝居小屋で飲食，両国の船宿で鯛・鯵・玉子焼きなど，浅草の料亭で懐石料理，上野で鰻，浅草で鯛・鮪など，両国で幾世餅，鶴岡藩邸で卵料理・茶漬けなど
〈岡崎〉饅頭，淡雪
〈奈良〉桃
〈松坂〉茶漬け，饅頭，お焼き，桃
〈桑名〉蛤・鮫など（小向）焼き蛤
〈江の島〉料理旅籠で奈良茶飯・海鮮料理など
〈倉沢〉サザエのつぼ焼き
〈安倍川〉安倍川餅
〈伊勢〉古市でうどん，御師邸宅で鯛料理など，二見浦の料亭で海鮮料理など，大神宮前の茶屋でカマス，知人宅で鮎の寿司
〈鞠子〉十団子
〈小夜中山〉飴の餅
〈追分〉鰈の煮付け
〈日坂〉わらび餅

図6-7 三井清野のグルメ地図

出典：三井清野「道中日記」『きよのさんと歩く江戸六百里』バジリコ，2006より作成

各地を歩き回りながら、驚くほどたくさんの名物を食べています。三井家は裕福な商家でしたので、清野は金に糸目を付けず、思う存分にグルメ三昧の旅行を楽しみました。食べることに並々ならぬ情熱を注ぐ、好奇心旺盛な三一歳の女性の姿が浮かび上がってきます。

鶴岡を出発した清野は、奥州街道の数ヵ所で餅を食べ、江戸に入る直前の千住宿では、景気づけに料理茶屋で豪勢なコース料理を味わいました。なかでも、「あちすい物あんはい（塩梅）よろしく」とあり、鯵の吸い物の味は格別だったようです。

江戸の料理屋を梯子する

江戸では、両国、浅草、上野の料理茶屋や有名料亭を連日のように梯子しましたが、清野は次々と運ばれてくる料理をぺろりと平らげました。両国の船宿では、「いつれもむまき（旨き）事ニ御座候」という感想を書き、どの料理も美味しかったと大喜びです。

神田橋の鶴岡藩邸を見物に訪れ、藩邸内の食事処で酒を勧められた清野は、「けこなれハすこしをのむ（下戸なれば少しを飲む）」と記しました。しかし、『道中日記』を読む限り、清野は各地で酒を飲み歩いています。酒豪の清野が自らを下戸だと偽って少しだけ酒に口を付けたのは、藩邸というフォーマルな場での立ち居振る舞いを意識したからでしょう。

見物に訪れた芝居小屋では、「しはい（芝居）ニ行ハ　たはこほん（煙草盆）ちやくわし（茶菓子）さまさま出し　それより酒肴いろいろもちきたり」と記されたように、煙草を吸い、茶菓子を食べ、酒を飲みながら、優雅に観劇を楽しんだようです。

清野は、江戸のほかにも、伊勢、大坂、京都などの観光地では、奮発して高級な旅グルメを存分に楽しんだ形跡があります。

東海道のグルメを食べ尽くす

江戸を発った清野は、東海道を西に向かって歩く途中に江の島にも立ち寄り、ゑ津屋という料理屋で昼食を取ります。清野は、鯖、鮑、焼き貝などを使った江の島ならではの海鮮料理をたらふく食べました。

前述した旅行ガイドブックの内容からもイメージできるように、東海道は名物が満載のグルメ街道でした。特に現在の静岡県のエリアは、魚介やスイーツの名物が目白押しでしたが、清野は鰻、サザエ、安倍川餅、十団子、飴の餅、わらび餅など、ほぼすべての名物を食べ尽くす勢いで、次々と茶屋のグルメを平らげていきます。

現在の愛知県や三重県のエリアに入っても、清野が名物を食べるペースはまったく衰えません。鳳来寺のうどん、岡崎の淡雪、池鯉鮒《ちりゅう》の米饅頭、桑名界隈での焼き蛤、日永追分の鰈など、見事なまでの食べっぷりです。

伊勢の海鮮グルメを堪能

伊勢まで辿り着いた清野たちは、御師の三日市太夫の邸宅で世話になりました。御師にはそれぞれ担当地域（檀那場）があって、三井家がある鶴岡界隈を担当していたのが三日市太夫でした。檀那場から旅人が伊勢にやってくると、御師は自分の屋敷に旅人を招いておもてなしをするのが慣わしでしたので、清野も三日市太夫の邸宅を訪問したのです。

清野たちは、三日市太夫の案内で伊勢神宮への参拝を果たし、その足で歓楽街の古市に繰り出して名物の伊勢うどんを食べました。三日市太夫の邸宅では豪勢なコース料理を食べていますが、旅日記には「十四五と見いて いたつてひなんし成（至って美男子なり）」と添えられています。美味しい料理を食べながらも、三日市太夫のイケメンぶりのチェックは忘れなかったようです。

続けて、景勝地の二見浦に出掛けた清野は、高級料亭で鯵や鮑の絶品料理を堪能した後、朝熊村の茶屋では蛸、ミョウガ、生姜を肴に酒を飲みます。その翌日は、磯部にある伊勢神宮の別宮の伊雑宮《いざわのみや》に参拝し、「大神宮へ参り それより ちや屋にてひるめしをたべ かますのにつけ（カマスの煮付け）ニて五拾弐文 かますハ名物ニてこのくにより献上ニ上よし 壱疋八寸（約二四cm）はかりもあらんか」と書きました。格式高い神社への参拝よりも、食べた魚のサイズの方に気を取られています。食いしん坊の清野らしいエピソードです。

スイーツを頬張る

その後も、清野のグルメ道中は続きますが、図6-7を見てもわかるように、清野が食べた名物の中にはスイーツ、特に餅が頻繁に登場します。当時、餅を名物として売り出す地域が多かったこともありますが、清野は餅が大好きだったのでしょう。

東海道の草津の茶屋では、「くさつニて ちやつけ（茶漬け）たへる うはかもち（姥ヶ餅）一文ニ一ツ也」と記され、茶漬けと名物の姥ヶ餅を食べたことがわかります。姥ヶ餅は、ガイドブックにも必ず紹介される東海道屈指の名物でした。図6-8は、『東海道名所図会』に描かれた姥ヶ餅の販売店です。賑わう店内には、椅子に腰かけて姥ヶ餅を待つ女性客の姿があります。店舗の前には、二人組の女性の旅人が通りかかり、店内に入ろうとしているようにも見えます。清野も、このようにしてお待ちかねの姥ヶ餅にありついたことでしょう。

江戸神田の商家の妻、中村いとも姥ヶ餅を食べました。いとは、「草津名物うばか餅 味はひよし」と、噂通りの美味を大絶賛し、続けて「くさそうに見へしくさつのうばが餅 くふてはうまし とんだ上ひん」というユーモア溢れる一句まで詠んでいます（『伊勢詣の日記』）。姥ヶ餅は、いとのテンションを上げるほどの格別な一品でした。

草津を発ったすぐ後にも、清野は北国街道の木之本の茶屋で餅を食べています。「きのもと（木之本）ニてもちおくふ 此

図6-8　『東海道名所図会』に描かれた姥ヶ餅の販売店

出典：秋里籬島編『東海道名所図会 巻之二』小林新兵衛，1797（国立国会図書館デジタルコレクション）

所のもち　あつきもち（厚き餅）ニて　一ッ五文つゝやすし（安し）」と、分厚い餅が安く食べられたことに感激しました。裕福な清野は旅費の心配は無用でしたが、餅のサイズ感だけではなく値段も気にかけているところは、美味しい物を腹いっぱいに安く食べようとする、清野の食欲と経済観念がうかがえます。

　スイーツ好きの清野は、特にフルーツに目がなかったようです。伊勢の手前の三疋田では、知人宅で枇杷《びわ》を振る舞われ、「ふうみハかくべつむまし（風味は格別旨し）」と大絶賛しました。伊勢を旅立った後の松坂では、「も、（桃）出る　すもももぢよくす（李も熟す）やまも、（山桃）」と綴り、熟した桃や李《すもも》、さらには旬の山桃も食べた模様です。また、奈良では、「大き、も、かい　たへる　むましむまし（大きき桃買い食べる　旨し旨し）」と書き、ビッグサイズの桃を頬張る清野の姿が目に浮かびます。

麺類をすする

　蕎麦、うどん、素麺なども、旅行中の定番の茶屋グルメでした。清野も各地でたびたび麺類をすすっています。帰路の高田では、「そはのめいふつたへる（蕎麦の名物食べる）やすくてそはよし（安くて蕎麦よし）これまてのいぢはん（一番）なり」と書き、ご当地名物の蕎麦に最高評価を付けています。

しかし、麺類の評価も人それぞれで、蕎麦の味に低評価を付けた女性もいました。中村いとは、中山道の上松宿のはずれにある景勝地「寝覚の床」で名物の蕎麦を食べ、「こゝにはねさめそば（寝覚蕎麦）とて名物なるよしはやけれとしたくせんとて皆々此蕎麦を食ふにいとよしたゝ醤油の味あしき（悪しき）をなけきし也」と書いています（『伊勢詣の日記』）。蕎麦は旨かったようですが、汁の醤油味がマズいとケチをつけました。味付けの地域差もあったのでしょうが、女性ならではの細かいグルメ評論です。

清野が旅日記に書き綴った数々のグルメ情報は、まるで現代の実食レポートのようです。『道中日記』は出版物ではなく私的な旅日記でしたが、後世にこの書物を読んだ三井家の人びとにとっては、リアルな旅の追体験ができる貴重なガイドブックになったことでしょう。

3　宿屋のグルメ

ここまで、茶屋で食べる名物を中心に当時のグルメ事情を探ってきましたが、旅人が泊った宿屋では、どのような食事が提供されていたのでしょうか。

▽旅籠の献立

弘化五（一八四八）年の春に讃岐国寒川郡神崎村（現在の香川県さぬき市）から伊勢参宮をした旅人が、『伊勢参宮獻立道中記』という旅日記を書き残しました。作者は不明ですが、約二ヵ月間で三〇ヵ所余りの旅籠屋で宿泊し、そこで提供された食事の献立が丁寧に記録されています。

『伊勢参宮獻立道中記』のうち、奈良から伊勢までの六日間を切り取って、宿泊先の旅籠で出された朝夕の献立を**表6－4**にまとめました。どの旅籠のメニューも品数は豊富ですが、取り立てて豪勢な食生活ではなかったようです。ただし、三井清野がそうであったように、街道筋を歩く日中は土地の名物をはじめたくさんの食品を口にする傾向にあったため、朝夕の食事はこのくらいのボリュームが丁度よかったのかもしれません。地域による食材の違いや、値段に応じたメニューのレベルもあったことでしょうが、一般的な旅籠の食生活は、だいたいこのような献立だったとイメージすることができます。

清野の『道中日記』にも、数日分だけですが、宿泊した旅籠の献立が記されています（表6－5）。

表6-4　『伊勢参宮献立道中記』に見る旅籠の食事の献立

宿泊地（現在の地名）	夕食	朝食
櫓井町（奈良県奈良市）	菓子椀（三つ葉・椎茸・竹の子），茶碗（麩・すり生姜・獨活），味噌汁（青み），香の物，飯	椀（芋，ぜんまい・湯葉），猪口（三盃酢・昆布・ほそ大根），味噌煮（青み），飯
三輪里（奈良県桜井市）	椀（焼豆腐・椎茸・竹の子），猪口（したし），味噌汁（焼豆腐・あられ），香の物，飯	煮物（椎茸・高野豆腐・小いも），猪口（菜したし），汁（焼豆腐あられ，山椒），飯
初瀬町（奈良県奈良市）	鰤の煮付け，菓子椀（長いも・椎茸・麩まき），味噌汁（青み），香の物，飯	平（湯葉，青麩まき，竹の子），猪口（煮豆），汁（味噌・青み），飯
阿保の郷（三重県伊賀市）	菓子椀（つくいも・白焼・椎茸），皿（煮魚），味噌汁（青み），香の物，飯	蒲鉾，たかんな，蒟蒻，糸切，鳥貝，ちりめん，じゃこ，酢味，味噌汁（青み），飯
六軒（三重県松阪市）	皿（鳥貝和物），菓子椀（ふき，いか，たかんな），味噌汁（赤味噌，青み），飯	皿（鰡の煮付け），椀（焼豆腐・けいらん），味噌汁（赤味噌・青み），猪口（煮豆），飯
伊勢（三重県伊勢市）	皿（錦大根・かき・酢和え），椀（鰡・昆布），汁（赤味噌・青み），飯，引手皿（鯛子焼物）	平（うどん豆腐・すまし），汁（赤みそ・青み），皿（鯛の煮付け），猪口（漬菜）

出典：「伊勢参宮獻立道中記」谷川健一編『日本庶民生活史料集成 第二十巻 探検・紀行・地誌 補遺』三一書房，1972より作成

メニューを見る限りでは、『伊勢参宮献立道中記』と大差はないようです。ただし、桑名では、旅籠の食事と合わせて訪問販売の業者から蒸し料理などを買って食べ、「いつれもむまし（旨し）たべてしるべし」と大絶賛しています。清野の胃袋は、旅籠が提供する料理だけでは満たされなかったのでしょう。

このように、旅人が宿泊した旅籠屋では、品数豊富な料理を食べることができました。しかし、同じ旅籠屋に連泊する場合は注意が必要です。大抵の旅籠はメニューのパターンが豊富ではなく、連泊客に提供する料理も似たり寄ったりにならざるを得

表6-5 三井清野が食べた旅籠の食事の献立

宿泊地（現在の地名）	献立
江の島（神奈川県藤沢市）	【夕食】 汁，皿（刺身・しんじょ・薄たれ）， 中皿（小鰈の煮付け・大サザエの猪口）
熱田（愛知県名古屋市）	【夕食】 小鰈の平，刺身の膾，皿（魚の煮付け）
桑名（三重県桑名市）	【夕食】 むき蛤の平付き，鮫らしき魚の煮付け （その他，訪問販売で蒸し物などを買って食べる）
伊勢（三重県伊勢市）	【夕食】 平（いひ・茄子・麸）， 皿（刺身・猪口・牛蒡炒りつけ・小鯛塩振り・お刺）， 皿鉢（アワビが4切ほど） 【朝食】 平（はんぺん煮），皿（小鰈の煮付け）

出典：三井清野「道中日記」『きよのさんと歩く江戸六百里』バジリコ，2006より作成

なかったからです。

江戸近郊の亀戸村から伊勢参宮の旅をした牧野き代は、天候不良のために曽根町(現在の三重県尾鷲市)の旅籠に連泊しました。き代の夫、牧野勘四郎は、旅日記の中に「曽根町に雨中六日逗留の中、朝夕そら豆ゐんどう干大根の煮物を食させけれハ……」と書き残しています(『道中記』)。代り映えのしない献立に飽き飽きしていたようです。

▽御師の屋敷の献立

前述したように、伊勢では自分の居住地域を檀那場とする御師の屋敷を訪問するのが慣わしでした。伊勢講に随行するかたちで旅をした中村いとは、伊勢に到着すると、御師の藤波太夫の邸宅で神楽の奉納に立ち会います。**図6-9**は『伊勢参宮名所図会』に掲載された御師の邸宅での神楽奉納の様子です。

神楽奉納が滞りなく終わると、次は祝宴の時間です。この時の様子を、いとは「かねて聞しごとく太々講中へは御師よりの馳走は ことに美をつくすといひしが さることにてとりならべたる数多きを見るばかりなりける 無益の事なりといふべし」と旅日記に書いています(『伊勢詣の日記』)。御師が振る舞ったご馳走は、噂通りの美を尽くした豪勢なメニューだったそうです。しかし、いとは、あまりの品数の多さに圧倒されて箸もつけずに見ているだけの状態になり、「無益のこと」つまり、もったいないことだと漏らしています。生活感覚に溢れる女性ならではの目線です。

中村いとは祝宴で出されたメニューの詳細は記していませんが、『伊勢参宮献立道中記』には神楽奉納後の祝宴の献立が記録されています。表6－6は、この時の献立を一覧にまとめたものです。前述した旅籠の献立と比べると、神楽を奉納した人びとに振る舞われた食事が、豪勢なフルコースだったことは一目瞭然です。

神楽の奉納には、大金を注ぎ込まなければなりませんでした。『東海道中膝栗毛』の作品中の会話によれば、御師の邸宅で神楽を奉納するためには、最低でも一五両は必要だと記されています。『伊勢参宮献立道中記』は「志度ノ浦講中」と称する二〇名ほどの伊勢講の団体旅行でしたが、この講中は神楽奉納の費用として御師の岡田太夫に三〇両を渡しました。神楽奉納後の祝宴の食事は、大金を投じた者たちだけが味わえる希少価値のあるスペシャルメニューだったのです。

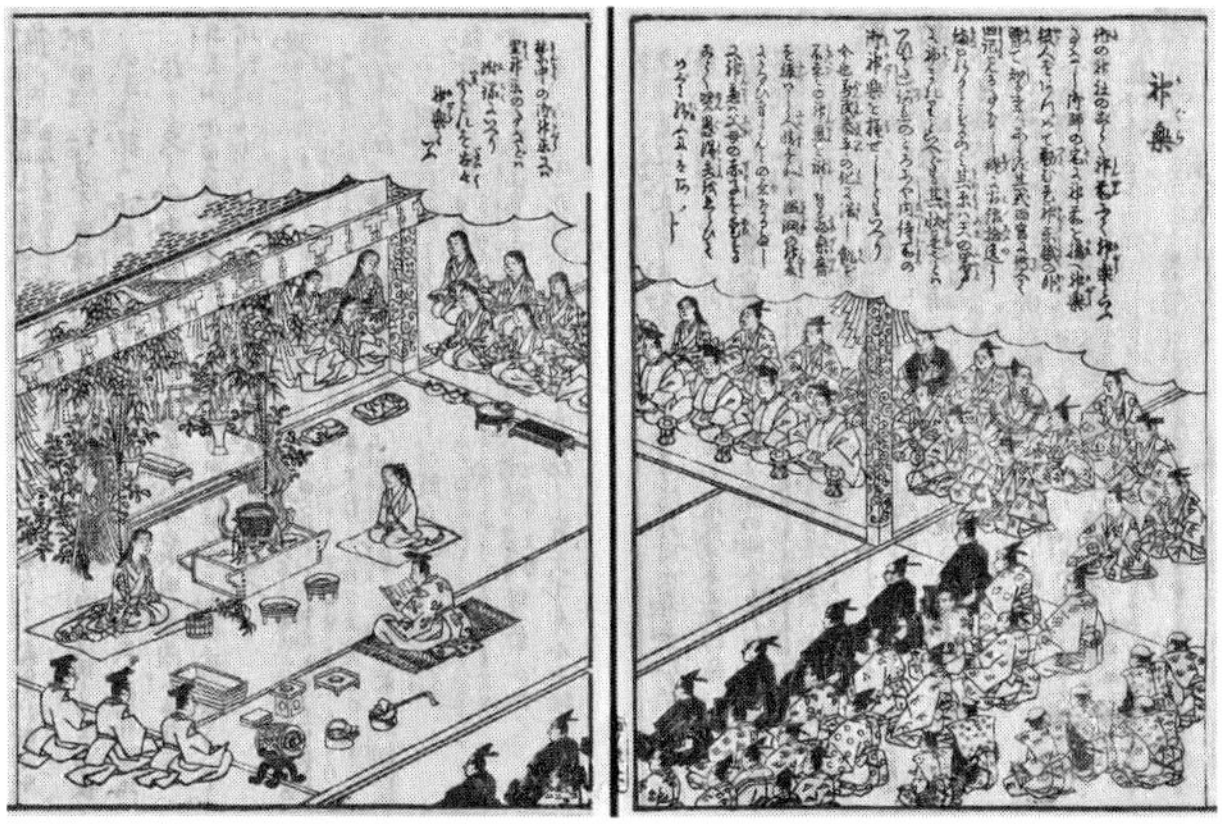

図6-9　『伊勢参宮名所図会』に描かれた御師の邸宅での神楽奉納

出典：蔀関月編『伊勢参宮名所図会 巻之四』塩屋忠兵衛，1797（国立国会図書館デジタルコレクション）

表6-6　神楽奉納後の祝宴で出された食事の献立

膳	献立
本膳	皿（独活千切り・とさかのり・香茸・さより糸作り・紅酢），壺（磯物・銀杏），瓦器（粒山椒，花塩），味噌汁（松露，あられ豆腐），飯
二の膳	白木台（紅寒天・肴・青磯草・練からし），白木台籠（大根・かちぐり・干菓子）椀盛（鯛すまし・山椒）
三の膳	白木台（伊勢海老），白木台（鶴），椀すまし（鯛真子・じゅんさい）
四の膳	皿（鯛塩焼），猪口（ウルカの塩辛）
第五	重引（生麩・すり生姜）
第六	碗（尾つきすまし）
第七	猪口（四の膳にあり）
第八	平（敷味噌・松茸・伊勢海老・湯葉）
第九	皿（小鯛の酢じめ・ボウフウ）
第十	大鉢引（鎌倉海老一色）
第十一	「二見浦」という箱入り干菓子

出典：「伊勢参宮獻立道中記」谷川健一編『日本庶民生活史料集成 第二十巻』三一書房，1972より作成

《本章の参考文献》

秋里籬島編『東海道名所図会 巻之一～六』小林新兵衛、一七九七
歌川広重『東海道遊歴双六』恵比寿屋庄七、一八五二
清河八郎「西遊草 巻の四」小山松勝一郎校注『西遊草』岩波書店、一九九三
蔀関月編『伊勢参宮名所図会 巻之二』塩屋忠兵衛、一七九七
柴山加治編『旅鏡』奎文房和泉屋半兵衛、一八四八
十返舎一九「東海道道中膝栗毛 五編追加」麻生磯次校注『東海道中膝栗毛（下）』岩波書店、一九七三
『新版道中名所双六』西村屋与八、一七七五
谷田有史「ファッションとしての喫煙」谷田有史・村田孝子監修『江戸時代の流行と美意識』三樹書房、二〇二〇
中村いと「伊勢詣の日記」『江戸期おんな考』三号、桂文庫、一九九二
バード「日本の未踏の地」高梨健吉訳『日本奥地紀行』平凡社、二〇〇〇
牧野勘四郎英長「道中記」『江東区資料 牧野家文書二』江東区教育委員会生涯生活課、一九九五
三井清野「道中日記」『きよのさんと歩く江戸六百里』バジリコ、二〇〇六
八隅蘆庵『旅行用心集』須原屋茂兵衛伊八、一八一〇
「伊勢参宮獻立道中記」谷川健一編『日本庶民生活史料集成 第二〇巻 探検・紀行・地誌 補遺』三一書房、一九七二

おわりに

近世は〝女子旅の時代〟でした。そう断言してもよいほど、本書に登場した女性たちは、活発に旅を楽しんでいました。

彼女たちは、夫婦や母子同士で、または男性陣に混じって、あるいは女性の団体ツアーを組むなど、あらゆる手段を駆使して旅の世界に身を投じます。旅する女性たちは男性に匹敵するほどの距離を歩きましたが、その健脚は、さまざまな社会的条件に支えられていました。

関所、難所、大河、女人禁制など、女子旅には困難も付き物でしたが、そのような憂いを吹き飛ばすほど、旅の道中は女性たちを駆り立てるたくさんの魅力に溢れていたようです。

女性たちは、有名な寺社や名所旧跡をめぐり、名物で胃袋を満たし、名産品を買い漁り、温泉で心身を癒し、都市観光を満喫し、お座敷遊びや芝居見物にも熱中するなど、滅多にない旅の機会を漏れなく楽しもうと歩き回りました。湯水のように各地に大金を落とし、豪華なセレブ旅行をした女性もいます。

もしかすると、近世の女性たちは、旅の道中に限らず、私たちが想像するよりもずっと、活力に溢れた日常を過ごしていたのではないでしょうか。

兎にも角にも、近世の女子旅を可能にした最大の要因は、泰平の世が実現し、街道筋の安全性が高い水準で確保されたことでした。いつの時代も、人びとの余暇活動は、世の中の平穏を抜きにしては語れないのだと江戸の女性たちは教えてくれます。

本書の刊行にあたり、晃洋書房編集部の吉永恵利加さん、山本博子さんには大変お世話になりました。記して謝意を表します。

二〇二二年十二月

谷釜　尋徳

《著者紹介》

谷釜尋徳（たにがま　ひろのり）

東洋大学法学部教授

日本体育大学大学院　博士後期課程修了

博士（体育科学）

専門はスポーツ史．

著書に，『歩く江戸の旅人たち』（晃洋書房，2020），『江戸のスポーツ歴史事典』（柏書房，2020），『ボールと日本人』（晃洋書房，2021），『歩く江戸の旅人たち２』（晃洋書房，2023），『オリンピック・パラリンピックを哲学する』（編著，晃洋書房，2019），『スポーツで大学生を育てる』（編著，晃洋書房，2022），『そんなわけでスポーツはじめちゃいました！ 図鑑』（監修，主婦の友社，2021）など．

江戸の女子旅

旅はみじかし歩けよ乙女

2023年２月10日　初版第１刷発行

著　者　谷釜尋徳©

発行者　萩原淳平

印刷者　江戸孝典

発行所　株式会社　晃洋書房

京都市右京区西院北矢掛町７番地

電話　075（312）0788㈹

振替口座　01040-6-32280

印刷・製本　共同印刷工業㈱

ブックデザイン　吉野綾

ISBN 978-4-7710-3700-7